3.11
震災ドキュメント

倒れても滅びず

奪われた生活、奪われなかった希望

結城 絵美子

フォレストブックス

はじめに

　結城絵美子さんから震災から現在に至るまでの私たちの流浪の旅路をルポルタージュして本にしたいとの申し出があった時、私はお断りしようと思いました。ひとつには、そっとしておいてほしいという思いから、もうひとつは、私たちはそもそものように取り上げられるような存在ではないという意識からです。

　けれども話し合いを通し、この企画を進めることとなり、やがて聞き取り調査が始まりました。実は私はインタビューを受けること自体、震災で負った傷口を開けられるようで、気が重かったことを覚えています。恐れは現実となり、話がある場面にさしかかると、涙がこみ上げてきたりと、自分もいまだ傷を負っていることを知らされました。

　ただ、そうしてまとめられたこの原稿を手にした時、私は新たな涙を流しました。大震災の渦中ではわからなかった事実が、そこには記されていたからです。私たちが流浪の旅をしたその周辺を、結城絵美子さんはその足で丹念に取材してくださいました。

そこで発見した事実のひとつが、東京の奥多摩にあるキャンプ場が、震災直後路頭に迷った私たちを温かく迎え入れてくださった場面です。あの日私たちは、とにかく無我夢中で、ただひたすらに肩を寄せ合って生きていました。疲労困ぱいしていた私たちは、そこで一年間お世話になり、やがて別れの日を迎えたのです。その日、道路には驚いたことに警察官の方が出て交通整理をしてくださいました。

その一年後、私たちが福島に戻ってから、この本の原稿を手にし「なるほどそういうことだったのか」と、謎が解ける思いをしました。あの時、被災した私たちのために、奥多摩のキャンプ場の地主さんのおひとりである加藤さんが、私たちを迎え入れるために、ひとかたならず奔走してくださったことを知ったのです。奥多摩町の役場から教育委員会、警察署や医療関係に至るまで、疲れきった私たちが少しでも心安らぐ時を奥多摩町で過ごせるようにと、強い意志をもってかけあってくださっていたことを。そういえば、透析治療中の人も何不自由なくスムーズに病院通いができ、子どもたちは転校先で誰ひとりいじめられることもなく、奥多摩町の婦人会から近くの郵便局、ご近所の方々からも私たちはそれは温かく迎えられ、見送られたのでした。

震災から四年の月日が流れた今、「まだ震災やっているの」とか、「そろそろ自立したら」などの声が聞こえないわけではありません。震災当初のがんばりはもう利かず、震災の風化が叫ばれる今日、整理して震災を見つめなおし、そこここに伸べられていた温かい手の数々を再確認することは、ここから新たな一歩を未来に向かって踏み出そうとする際の大きな力です。そして、この本を手にしてくださったみなさまの手も、「震災を忘れない」との心強いエールです。

ここまで労を惜しまず取材を重ね、夢中で歩んできた私たちの震災ロードの側面に光を当て、悲しみや喜びをあるがまま浮き上がらせてくださった結城絵美子さんと、いのちのことば社フォレストブックス編集部のみなさまに心から感謝します。

二〇一五年　二月九日

佐藤　彰

はじめに

目　次

目　次

＊文中の年齢は発行時のものです。

第1章

＊

地震発生
その時教会は

原発にいちばん近い教会

福島第一原発から約五キロのところに、ひとつのキリスト教会があった。福島第一聖書バプテスト教会。原発とお揃いのような名前だが、その歴史は原発より二十年も古く、一九四七年、福島県双葉郡大熊町がまだ人口二七〇〇人で大野村と呼ばれていた頃に始まっている。

アメリカ人宣教師フランク・ホレチェク氏によって始められたこの教会は、一九八一年に、現在も主任牧師を務める佐藤彰氏を迎え、保守的な東北のいわゆる「田舎」に建ったキリスト教会としては、例外的とも言えるほどの発展を遂げてきた。原発にいちばん近い大野チャペルの他に、同じく双葉郡大熊町に熊町チャペル、南相馬市に小高チャペル、富岡町に桜のチャペル、と四つの会堂を建て、大野チャペルは二〇〇八年に改築が終わったばかりだった。

ここに、約二百名の信徒が集っていたのである。あの地震と津波の一撃が、壊れるはずのなかった原子力発電所を破壊し、漏れるはずのなかった放射能が大量に漏れ始めたあの日までは。

二〇一一年三月十一日は、佐藤彰牧師の五十四歳の誕生日だった。その誕生日を、佐藤牧師は自宅のある大熊町ではなく、千葉県印西市にある神学校で迎えていた。神学生である娘婿の卒業式に出席していたのである。

福島第一聖書バプテスト教会に赴任したのはそれよりちょうど三十年前の二十四歳の時で、そのひと月前にちえ子夫人と結婚したばかりだった。筋金入りの信仰生活を送ってきた老信徒たちが待つ教会に、神学校を卒業したての新米牧師として着任した時、佐藤牧師は「五年間は、教会の役員の言うことを何でも黙って聞こう」と心に決めていたという。そうやって、信徒に育てられる覚悟で飛び込んでいった教会は三十年のうちに、先にも述べたとおり、地方では珍しいほど大きく活発な教会になり、幼児教室を開くなど、地域に貢献する活動も行い、高齢者のデイケアも始めようとしていた矢先だった。

教会では後継者となるべき若い副牧師を迎え、私生活においても子どもたちは独立・結婚し、孫にも恵まれ、普通に考えるなら、徐々に生活のペースをスローダウンしていってもいい時期にさしかかっていたかもしれない。娘婿の神学校卒業式に出席するというその行為も、そんな立場を象徴する一場面にも見えたのではないだろうか。

しかし、現実にはその日を境に、佐藤牧師はかつて経験したことのないような人生の厳しい局面を迎え、何十人もの信徒の命を預かっての逃避行を率いていくことになる。スローダウンどころか、第一部よりさらにドラマチックな人生の第二部の幕開けのようだった。

二時四十六分に、千葉において尋常ではない揺れを感じた瞬間には、しかしまだ、そんなことになろうとは夢にも思っていなかった。

普通ではない大地震に卒業式は中断され、列席者たちはぞろぞろと神学校の敷地内の広場に出てきた。携帯のワンセグなどで情報を得る人たちがいて、震源地が東北沖らしいことはわかった。揺れている最中から、ここがこんなに揺れているということは東北はどうなっているのだろう、ここより揺れていないといいが、と、すでに教会を心配していた佐藤牧師だったが、この時点ではこの地震の全容はつかめていない。

周囲の人々もまだのんきに、家族や友人たちと記念写真を撮ったりしていた。電車は動いているだろうか、どうやって家に帰ろうか、ということがそこにいた人々の関心事だった。

佐藤牧師の娘さん一家は、神学校の敷地内にある寮に住んでいたので、そこに帰ってテレビをつけ、津波が押し寄せてくるニュースを目にした途端、佐藤牧師は「違うバージョンに入った」。今まで目にしたことのない光景。自分の目で見ても信じられないような光景。それが意味するところのすべてを、誰もすぐには理解することのできなかった光景。

故郷がとんでもないことになっている。すぐにでも帰りたかったが、高速道路は閉鎖されたし、国道六号線も津波をかぶり、この後もまだ津波が来るおそれがあるという。その日のうちに帰るという選択肢は、事実上なかった。

たまたま、ちえ子夫人が教会員名簿を持っていたため、佐藤牧師は片っ端から電話をかけて教会員の安否確認を始めたが、地震当日の十一日はほとんど誰とも連絡がつかなかった。電話そのものがほぼつながらなかったのである。

その後、誰といつどのようにして連絡がついたか、今となっては佐藤牧師も正確に思い出すことができない。覚えているのは、公衆電話から教会員一人ひとりの携帯に安否確認の電話を入れているうちに、自然と涙がこぼれてきたことと、自分のしていることの現実味が失われ、ふと、これは夢なのではないかと思ったことである。

十二日の夜か十三日になってようやく、副牧師とメールで連絡がついた。副牧師の佐藤将司氏（三十八歳・佐藤牧師と同姓だが血縁関係はない。以下、将司副牧師とする）は避難直後から必死になって教会員の安否と避難先を確認し、まとめていたので、これ以降、教会員の居所は将司副牧師を通して佐藤牧師に伝えられることになる。

放射能が漏れている

地震発生から余震の続く不安な一夜が明け、翌日になると、双葉郡大熊町にとって最も深刻な問題は、地震・津波から、原発事故に変わっていた。後日発表されたところによると、十一日午後七時半にはすでに核燃料の溶融が始まっていたのだが、十二日午前六時五十分には全炉心溶融、いわゆるメルトダウンの状態になっていたのだ。午後三時三十六分には、ニュースでその映像を見た日本中の人々の背筋を凍らせたあの水素爆発が起きた。日本が、経験したことのない非常事態に突入したことを否応なく悟った瞬間である。

青柳めぐみさん

福島第一聖書バプテスト教会の会員である青柳めぐみさん(四十四歳)は、地震が起こった時、双葉郡大熊町にある大野チャペルの中にいた。教会で催している幼児教室の二〇一一年度の計画を立てる会議に出席中、そこにいた人たちの携帯電話が一斉に警告音を発し、間もなく大きな揺れに襲われた。柱にしがみつく人、外に出る人。青柳さんはキッチンカウンターの上のコーヒーサーバーが今にも落ちそうになっているのに気づき、とっさに押さえた。

長い恐ろしい揺れがようやく収まると、会堂の二階に住んでいた将司副牧師は、ちょうど下校途中と思われる小学三年生の娘を探しに外に飛び出していった。青柳さんにも高校生の長女と中学生の長男、小学生の次男がいたが、まだホームルームの時間で学校にみんなと一緒にいるはずだからきっと大丈夫と思い、すぐに外には出ずに、様子を見ながらどう動くかを考えていた。

そのうち、富岡町にいた教会員から電話が

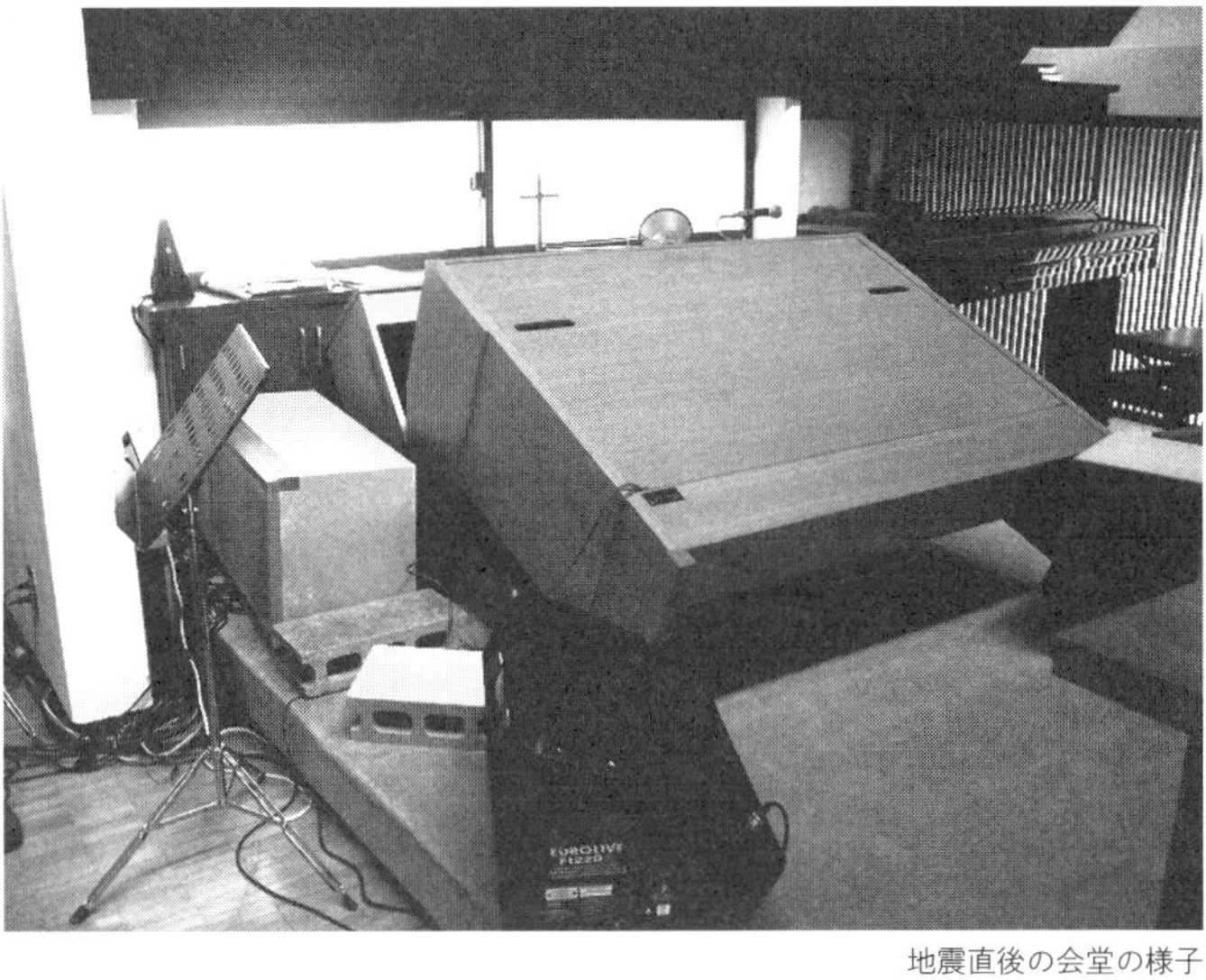

地震直後の会堂の様子

入り、今、小学校に自分の子どもを迎えに来たから、青柳さんの次男も一緒に連れて帰ってい
いかと申し出てくれた。

その申し出をありがたく受け、少し安心した青柳さんは、あさっての日曜日には教会で婚約式と洗礼式があるからと、いろいろなものが散乱してしまった会堂の片づけを始めた。津波のことも原発のことも、少しも心配していなかったこの時は、揺れさえ収まってしまえばこのように、あとから見ればのんきとさえ思えるようなこともしていられたのである。

しかし、しばらくして、渋滞しているという情報が入った表通りを避け、裏道から帰途に就くと、見慣れた町の様子は一変していた。道のあちらこちらで地割れがしており、マンホールも飛び出ている。驚きと混乱からか、青柳さんは避けるはずだった六号線に出てしまった。そしてそのおかげで命拾いをしたのだ。六号線が混んでいる時に迂回路として使うのは海沿いの道で、この日も、津波のつの字も頭になかった青柳さんは沿岸道路に出るつもりだった。それが、どういうわけか反対方向にハンドルを切り、六号線に出てしまったおかげで難を逃れたのだった。

自宅に着くと、中学生の長男は、教会員が経営している英語塾に行っており、そこのスタッフが、教会の四つあるチャペルのうち、青柳さんの家にほど近い「桜のチャペル」に連れていっ

てくれたことがわかった。これで安心して高校生の長女を迎えに行ける。

　長女の学校まで普段なら車で二十分で行けるが、この日は四時間かかった。数珠つなぎの渋滞に巻き込まれている最中に、次男を引き受けてくれた友人から、「富岡第二小学校の体育館に避難することにしたから、あとでそっちに来てね」と連絡が入った。それからしばらくして、長女からも連絡が入り、通っている学校ではなく、津波の危険を避けて高台からさらに山側の高校に避難していることがわかった。

　やっとの思いで長女を見つけだし、次男が避難している小学校の体育館に連れていき、今度は桜のチャペルに長男を迎えに行ってまた避難所に戻ると、もう日付が変わっていた。夕飯も食べず、ひっきりなしに起こる余震におびえ、寒さに震えながら眠れぬ一夜を過ごした。水戸に単身赴任中だった夫とは結局、この日は連絡がつかないままだった。

　翌朝六時半頃、朝食が配られた時に、さらに山のほうに逃げるように、という指示が出た。この時点でもまだ、周囲の人たちは「明日には帰れるかな」というようなことを話し合いながら指定された避難所へと向かっていった。この日の午後三時頃、川内村の体育館に避難した青柳さん母子のもとに、会津の実家から青柳さんの母親がたくさんのおにぎりとリンゴを持って駆けつけてくれた。たまにつながる携帯で、高校生の長女が祖母に居場所を伝えていたのだ。

「大丈夫か」と問われ、「大丈夫。多分、明日には帰れるんじゃない?」と答えた。母親に「帰ったら家の片づけが大変だろうから、子どもたちは連れて帰るよ」と言われて長男と次男を託したが、長女は「残って片づけを手伝う」と言ってくれた。しかし、福島第一原発が水素爆発を起こしたのはちょうどその頃のことだった。

逃避行の始まり

今回の取材で、原発事故により避難を余儀なくされた多くの方に話を伺うと、震災発生当時、原発の膝元に住みながら、放射能漏れなどの事故を心配した住民はほとんどいなかったように思える。「原発は安全」という地元の人々の信頼は、それほどまでに厚かったのだ。ある人は「震度十の地震が来ても大丈夫」と聞かされ、安心していたという。しかし、水素爆発という事態に及んで、避難者の間でもさすがに「これはもう、帰れない」「もっと山のほうに逃げなきゃいけないのではないか」という不安と動揺の声が漏れ始めた。

青柳さんは会津に行くことにした。母親が来てくれたということは、会津までの道は何とかつながっていて、こちらからも行けるということだ。自分と娘が行くだけではなく、他の教会員も連れて行きたいと思った。教会員の中には、ひとり暮らしの高齢者もたくさんいる。例えば、地震の時、同じく会堂にいて礼拝の準備作業をしていた九十歳の佐々木智子さんはあのあと、どうしただろうか。携帯で連絡を取り合っていた将司副牧師によると、佐々木さんは地震の翌日、他二名の信徒と共に自衛隊のトラックに乗せられたあとどこに連れていかれたか、まだわからないということだった。

そこでまずは娘と、次男をその体育館に連れてきてくれた教会員の息子さん（その教会員自身は、親戚を探すために残ることにした）、同じ避難所にいた将司副牧師の妹・晶子さん（三十六歳）の四人で会津の実家に向かった。その道すがらも、ばらばらに散った教会員のうち、特にひとり暮らしの高齢者、幼い子どもをもつ人たち、病気の人たちのことが気になり、彼らを何とか会津まで連れていきたいという思いが募った。聖書の中には、同じ神を信じる一人ひとりは兄弟姉妹という考え方があるが、この時の青柳さんの思いはまさに、離ればなれになった家族を案じる気持ちにほかならなかった。しかし、頭に浮かぶ人たちの数を思うと、実家では収容しきれないことは明らかだ。何とかしなければならない。青柳さんのこの思いは時の経過と共に強くなっていく。

会津にたどり着いたのは日曜日の朝方だった。気がつけば、金曜日に地震が起きてからその時まで、睡眠らしい睡眠はほとんどとれていない。それでも青柳さんは、どうしてもその日曜日、礼拝に出たかった。「何が起こっているのですか。これからどうしたらいいのですか」ということを「天のお父様」と呼ぶ神に訴えたかったのかもしれない。自分の手には負えないことが起こった時、子どもが親のもとに駆け込むように、「天のお父様」のもとに駆け込みたかったのかもしれない。その思いは、会津に同行した晶子さんも同じだった。そこで、仮眠をとったあと、ふたりは青柳さんの子どもたちを連れて恵泉キリスト教会会津チャペルの礼拝に出席した。

恵泉キリスト教会会津チャペル（以下会津チャペル）は、福島第一聖書バプテスト教会と同じ団体に属する教会である。三月十三日の礼拝では、地震のことに触れながら、聖書のメッセージが語られた。青柳さんたちはそれを聞きながら泣き、賛美歌を歌いながら泣き、福島第一聖書バプテストの教会員たちの中でこの日曜日、礼拝に出席することができたのは自分たちだけかもしれないと思いながら泣いた。

礼拝のあと、青柳さんは、会津チャペルの三留謙一牧師に「ご相談があるのですが」と話しかけた。そして、原発の爆発事故のため、高齢者や幼児、病人を含む教会員たちが、食事もままならない寒い避難所生活を強いられている事情を話し、彼らを会津チャペルで受け入れてもらえないだろうかと頼んでみた。人数を聞かれ、「多分、十～十五名くらいです」と答えると、それくらいだったら受け入れられるでしょう、との承諾をもらえた。

青柳さんは、佐藤彰牧師と将司副牧師に携帯のメールでこのことを伝え、将司副牧師との情報交換で居所がわかっている人たちのリストを作った。八人乗りのワゴン車に乗れるだけの人を乗せて、ピストン輸送をするつもりだった。誰をどういう順番で拾っていくか計画を立てていると、バス会社の会津交通に勤めている兄が、何と、「うちのバスを出そうか」と願ってもいなかったようなありがたい申し出をしてくれた。ディーゼル車だから燃料の心配もいらない、という。小型ではあるが、三、四十人は乗れるバスだ。何とも力強い助けだった。

そこで、どの避難所で誰を拾い、次にどの避難所に向かうか、リストとルートを作り、双葉郡に向かった。そうしているうちにも将司副牧師からは、新たに居所のわかった人の名前が次々に送られてくる。しかも、実際に避難所を回り始めると、そこでもリストになかった人たちが見つかる。中には、教会でやっている幼児教室の生徒の家族など、教会といくばくかのつながりはあるが教会員ではない人たちもいた。青柳さんはそのすべての人たちに声をかけ、「私も行ってもいいか」と聞いてくる人たちは拒まなかった。自家用車で逃げていた人たちはバスのあとからついてきた。

そうやっていくつもの避難所を回り、将司副牧師とも合流し、郡山まで連れていかれていた佐々木智子さんたちとも、夕方になって再会することができた。気がつけば、会津に逃れていく人の群れは六、七十名にまで膨れ上がっていた。

佐々木智子さん

場面は変わるが、地震から二年後の二〇一三年五月、筆者は、青柳さんが真っ先に心配した佐々木智子さんを、東京都練馬区の介護付き老人ホームに訪ねた。初めてお目にかかる佐々木智子さんは、身長は百五十センチに満たず、体重もおそらく四十キロに届かないのではないかと思われる華奢な容姿で、こんなに小柄な方だったのかと驚いた。

というのも、佐々木さんは地震の翌日、自衛隊の幌付きトラックに乗せられ、荷台に取り付けられた固いベンチから振り落とされないように必死でしがみつきながら十時間以上揺られ続け、やっとたどり着いた避難所でも食事はなく、三人に一枚の毛布が支給されただけという体験をされたと聞いていたので、当時九十歳だったこのか弱い老女が、よくもそんな試練に耐えられたものだと、不思議にさえ思えたのである。

　佐々木さんの家は福島第一聖書バプテスト教会大野チャペルから三分のところにあり、「その程度の仕事しかできませんから」と言いつつ、教会の中にある納骨堂の清掃や、日曜日の礼拝に使う印刷物を、「週報ボックス」と言われる教会員用のポストのようなものに入れたりするといった雑用を、進んで引き受けていた。

　その日も、たくさんある週報ボックスの半分ほどに印刷物を入れ終わった頃だっただろうか。突然、「普通ではない」揺れに襲われた。改築してまだ三年の大きな会堂の太い柱が動いているように見えた。「これはただごとではない」と直感した。しかも、その揺れは相

教会の近所の全壊した家

当長く続き、前述のように小柄な佐々木さんは、身を守ることもできずに、ただよろめいていた。

幼児教室の会議に参加していた将司副牧師が佐々木さんの姿を見つけ、あわてて手を取って、そばにあったベンチに座らせた。

やっとのことで揺れが収まると家のことが心配になり、様子を見に行くことにした（この頃、青柳さんは別の部屋で、散らかった会堂を片づけながら次の動き方を考えていたわけである）。途中、見慣れた古い家屋が全壊している異常な光景を目にした。道路はひび割れ、マンホールだけが一メートル以上も上に突き出している。

幸い、佐々木さんの家は潰れてはいなかったものの、中は下駄箱から本棚から、ありとあらゆるものが倒れて床が見えないくらいに物が散乱し、九十歳の佐々木さんはなすすべもなく教会に戻った。

その日は、教会員で同じくひとり暮らしの高橋ミツ子さん（七十七歳）、持立春美さん（七十七歳）と共に、教会の居室に泊まった。食べる物といえば、各々が自宅からわずかに持ち出すことのできたお菓子程度だったが、振り返れば、布団で眠れたこの夜は、まだよかったということになる。

翌朝になると、町には避難命令が出ていた。七時頃、教えられた集合場所に行くと、県立病院を壊して更地にしてあったところに大きなバスが三十台くらい止まっていた。夜から未明の間に集められていたらしい。地域の人がみな、列を作ってそのバスに乗り込んでいく。

佐々木さん、高橋さん、持立さんは少し離れたところで順番を待っていたが、結局、バスには乗りきれなかった。自衛隊のトラックが来るからそれを待てと言われ、待っていると、自衛隊員の移動用に使うような幌付きトラックが四台、旅館の駐車場に入ってきた。小柄な佐々木さんは自衛隊員に抱き上げられて荷台に乗り込んだ。

佐々木さんを気遣う将司副牧師も同じトラックに乗ろうとしたが、次の車を待つよ

陥没した道路と突き出たマンホール

うに制止され、三人の婦人たちだけが訳もわからないまま、トラックの荷台で肩を寄せ合って出発を待っていた。将司副牧師の目には、三人がまるで強制収容所にでも連れていかれてしまうかのように映った。

この時、大熊町の住民には、この避難が放射能事故によるものだとは知らされていなかった。知らせれば、その後容易には戻れなくなることは想像に難くない。そしてそうなれば、誰でも家財道具を運び出したり、残していく家の整理をしたくなるのは当然のことで、速やかな一斉避難は難しくなるだろう。それを考えて、おそらく故意にふせられていたのではないだろうか。多くの住民は、余震を警戒しての避難だと思ったようである。

佐々木さんたちが乗った自衛隊のトラックが去ったあとで、将司副牧師とその家族は、最後に来たバスに乗せられた。原発が水素爆発を起こしたのはそのわずか一時間後のことだった。バスの後ろのほうの席で携帯を見つめていた人が「これはもう駄目だ」とささやく声が聞こえてきた。

携帯のワンセグが伝えていたのは日本中が固唾をのんだニュースだった。白煙を上げる原子力発電所。その現場からあわやのタイミングで連れ出され、今、逃げている最中の自分。将司副牧師はこの時、自分で意識する以上の緊張状態にあったのだろう。二か月後、福島から遠く離れた避難先で所用のためにバスに乗った時、突然、心臓がドキドキし始めるという経験をした。バスに乗って見知らぬ風景を見るということがフラッシュバックを引き起こすほど、この時の避難は緊迫し、ストレスに満ちたものだった。

一方、佐々木さんたちはトラックの中でもまだ、原発に関する情報を伝えられることはなかった。何時間か走ってたどり着いた避難所は満杯で入れず、次の避難所に向かってまた何時間か走るということを繰り返す道中、こんなにも遠くまで逃げなければいけないものかと、佐々木さんは不思議に思った。放射能ということばを聞いたのは、やっとたどり着いた郡山の受け入れ先で、「まず、被曝していないかどうか放射能検査を受けてくるよ

指示に従って避難する人々。しかしこの時、
ほとんどの人はそれが放射能からの避難だとは知らなかった

うに」と言われた時である。自分に被曝の可能性があるなんて、まさに寝耳に水だった。

　放射能検査を受けて問題なしとされ、ようやく避難所に入ることができたのは夜中の二時、トラックに乗り込んでから約十時間が経過していた。先に着いて寝ている避難者たちの間を縫うようにして三人分のスペースを見つけ、腰を下ろすと、隣にいた人が「あら、佐々木さん」と声をかけてきた。近所の知人だった。その人に「富岡町では津波が来て、駅も流されて町も滅茶苦茶だそうですよ。町長の奥さんも流されたって」という話を聞き、初めて、今回の地震で津波が発生していたことを知った。地震直後から停電していたため、現地の人が地震の全容を知ったのは、離れたところでテレビを見ている他県の人々よりずっと後のことだったのだ。

　疲れきった体を休めることもできないまま、翌日にはまた、別の避難所へ移るように言われ、郡山高校の体育館に連れていかれた。食事は出ない。断水していたので、大勢の人が詰めかけたトイレはひどい有様だった。暖房は、ストーブが二つあったが、広い体育館ではほとんど用をなさなかった。毛布は三人で一枚。冷えきった床に敷くものは、自分たちで近所からもらってきた段ボールのみという環境である。その翌日、列を作って並んで、ようやくパンと牛乳を受け取ることができた。

　このような状況でこの避難所に二泊したが、これがあと一週間も続いたら、九十歳の佐々木さんは果たしてもちこたえられただろうか。青柳さんが乗ったバスが救い出しに来てくれたのはそんな時だった。

会津でのもてなし

こうして、佐々木智子さんを含む福島第一聖書バプテスト教会の会員たち、そして、教会や教会員たちと何らかのつながりがあり、各避難所で青柳めぐみさんと出会った人々は、青柳さんに連れられて会津チャペルへと向かった。

多くても十五名くらいの人たちを迎えるつもりでいた会津チャペルも、六、七十名の避難者がやってきた時には驚いたことだろう。だが、もちろん断るわけにはいかない。教会のみならず、近所の人々の協力も得て、会堂の床一面に布団を敷き詰め、炊き出しをして大量のおにぎりを作り、温かい汁物を用意して避難者たちを迎え入れた。

あの年の冬は格別に寒かった。不安と混乱との中で、寒さと空腹に耐えた三日間のあとに受けたこのもてなしに、避難者たちは初めて人心地がついたのではないだろうか。

会津チャペルの人が避難者たちを近くの温泉に連れていってくれたのだが、佐々木さんは他の人の迷惑になることを考え、「私は年寄りだからいいわ」と辞退した。すると、それでは、お風呂が沸いている近所の家にどうぞ、ということで初対面の人の家に行き、お風呂をもらうことになった。

この時から二年後に筆者に避難生活の一部始終を語ってくださった佐々木さんは、大げさなことばも使わずに、事実だけを終始淡々と語っておられた。しかし、このもらい風呂をした時の話になると、急にその様子が変わった。

「初めて会う方のおうちでお風呂をいただくことになったんです。そうしたら、その家の奥さんがさっと短パン姿になって入ってこられて、私の背中を流してくださったんです」。そう言うと、佐々木さんは急に感極まって涙でことばを詰まらせた。

「五日ぶりに温かいお風呂をいただいてね……、綿の入ったお布団に寝て。……お食事も温かいものを……作ってくださって、夜にも朝にもおいしいものをいただけたのは本当に感謝でしたね。私たちも本当に、生き返ったような気がして……」と、涙の合間に絞り出すように言って、しばらく絶句する。二時間ほどのインタビュー中に、あれだけの体験をしながら泣き言や不平らしいことばを一言も発しなかったこの辛抱強く気丈な老婦人が、それでも実は当然のことながら、骨身にこたえる辛い思いをしたのだということが察せられた一場面だった。

一方、千葉にいた佐藤牧師は、三月十五日深夜一時頃、会津に向けて出発した。もちろん、それまで手をこまぬいていたわけではない。将司副牧師と連絡を取るうちに、寒さのために一睡もできなかった信徒がいたり、一日中パンも水も届かなかった避難所があることを聞いた。肺炎で入院していた九十五歳の信徒が病院から強制避難させられたという情報も入ってきた。透析をしている信徒もいれば、障害のある子どもがいる家庭もある。幼い子どもを抱えた家族もたくさんいる。いてもたってもいられない思いは募るばかりだったが、何も考えず、何の準備もせずに飛び込んでいってどうにかなる状態ではないということもまた、次第にはっきりしていったのである。

佐藤牧師はまず、千葉県内のスーパーを回り、食糧品や靴下などを買い集めた。かつて経験したことのない規模の災害に関東地方の人々も不安になり、首都圏のスーパーやコンビニの棚から水やウェットティッシュ、乾電池、保存食品などがたちまち姿を消していった頃のことである。佐藤牧師も我先にと買い占めをする客のひとりと思われたのか、「あんなに買い込んで」と、他の客に聞こえよがしの陰口をたたかれたが、事情を説明する気力すらなかった。

ところで、すぐに帰る小旅行の予定で千葉に来ていた佐藤牧師には、そんなに大量の買い物をするための持ち合わせなどなかった。娘夫婦と、娘の夫の両親が用立ててくれた少なからぬお金と、沖縄から魔法のように届いた驚くばかりの大金がその資金となった。

沖縄からの大金にはこんないきさつがある。沖縄県読谷村に、「白い家フェローシップチャーチ」という教会があり、佐藤牧師は毎年のように、その教会の成長セミナーという勉強会に講師として招かれていた。その教会の牧師である伊藤嘉子さんは、ニュース番組で津波の映像を見て、これはただならぬことが起こった、この日本の一大事に教会はみな連携して何かをしなければならないと思った。また、東北と聞いて佐藤牧師のことを思い浮かべ、安否を問うために携帯に電話をしたが、なかなかつながらなかった。何度も何度もかけ続け、やっとつながった電話口で、佐藤牧師は「祈ってください」と言った。それを聞いた伊藤牧師の心に火がついた。

すぐに白い家フェローシップチャーチの教会員を集め、二十四時間の連続祈祷会を立ち上げた。そうやって祈るうちに、教会建築費の頭金として貯えてあったお金を全額寄付することを全員一致で決定し、ただちに送金した。それが、佐藤牧師が千葉で物資を買い集め、福島に持って帰る資金となったのである。

次いで、伊藤牧師は被災地の窮状を訴えるチラシを作り、スーパーマーケットやショッピングモール、沖縄に駐留するアメリカ軍にも配り、協力を呼びかけた。食糧品や薬品、衣類、オムツなどを寄付してくれそうな店を回り、それらの物資を詰めるための段ボールを集めて回り、ツイッターやメールを駆使して全国に協力を求めた。

航空便の業者には事情を話して交渉し、一回に三十～五十箱を送る代わりに、普通なら約十五万円ほどかかる代金を八万円にしてもらうという約束を取りつけた。ただし、その荷物は新潟の空港までしか届かない。地震からまだ数日しか経っておらず、道路も鉄道も寸断し、極度の混乱状態の中でどんな輸送機関も東北には入れなかったのだ。

そんな状況の中、沖縄から新潟の空港に送られた荷物は、震災発生以後、空港に届いた救援物資第一号となった。それを伊藤牧師の依頼を受けた新潟在住の牧師たちが受け取りに行き、自分たち自身で佐藤牧師一行の避難先へ、また、東北のその他の教会へと届けてくれた。当時、新潟の空港には全国からの救援物資が届いていたが、そこから先に運べる業者がいないので、空港に山積みになったたままだったという。その中で唯一、沖縄の教会からの荷物だけが、それを必要とする人々のもとに届いていたのである。

沖縄の読谷村に、被災地に通じるルートがあるという話がツイッターなどを通してどんどん広まると、全国から、いや、海外からの物資までもが伊藤牧師のもとに送られてくるようになった。その量たるや膨大である。伊藤牧師たちはその荷物の中身を全部あらため、古いものや汚れているものは取り除き、送るに価するものだけを詰め直すという作業を一心不乱に続けた。その間、風呂にも入らず、髪も洗わず、まるで戦場にいるかのような日々だったという。その様子を見ていた地元の人たちは心動かされ、「この教会は、被災者こそいないけど、まるで被災地のようだね」と言って、新しい布団やすぐに食べられるような食糧品を持ってきてくれた。

最後には、半額近くにまでまけてもらっていた送料もついに払えなくなり、なけなしの三万八千円を持って空港に行った。「すみません。もう、本当にこれしか払えなくなってしまいました。これで送れる分だけの荷物を送ってください」と涙ながらに頼むと、業者のほうも目に涙を浮かべながら、黙って荷物を全部受け取ってくれた。

荷物の到着先であった新潟空港のＡＮＡカウンターでも、真っ先に荷物を届けてきた沖縄のキリスト教会が、その後連日、定期便のようにして大量の荷物を送り続けてきたことが印象的だったらしく、後にＡＮＡの情報誌にそのことが掲載されたほどだったという。

話は少し遡る。「祈ってください」の一言に、まさかそれほどの大金が、しかも打てば響くように送られてきたことに驚いた佐藤牧師だったが、その直後に伊藤牧師と白い家フェローシップチャーチの教会員たちが沖縄でそのような「戦い」を繰り広げ、間もなく自分たちのもとに山のような救援物資が送られてくることになるとは、この時点ではまだ想像もできなかった。

緊急援助に向かう首都圏の牧師たち数人と共にようやく会津に向かって走り始めた佐藤牧師は、道々、教会員数十人がしばらく身を寄せられる場所を探しながら北上した。会津チャペルにいつまでも世話になるわけにはいかないから、その先、放射能事故が収まるまでの間滞在できる居場所を確保したかったのだ。この時点では、この原発の事故がここまで深刻なもので、避難生活が月単位ではなく年単位に及ぶことになるとはまだ想像できていない。しかし、もしやと思ってあたってみたキャンプ場や使われていない神学校などはすべて、ガスが通っていなかったり、地震で壊れていたりして、とうとう次の行き先を見つけられないまま、佐藤牧師一行は会津に到着した。

教会堂のホール一面に布団が敷き詰められ、着の身着のままの避難者たちが不安そうな顔を並べている様子は、まるで戦時中のようだった。みんな、行方のわからない家族や親戚の身を案じている。佐藤牧師にとってはあんなにも安否を気遣っていた教会員たちとの、そして教会員たちにとっては精神的なリーダーである佐藤牧師との再会は、さぞかし感動的なものだったのではないかと想像される場面だが、実際は「みんな震えていた、という感じですね。私も震えていました」と、佐藤牧師は振り返る。

当初、十数名と聞いていた避難者は、教会がやっていた幼児教室や英語教室などを通して何度か顔を見たことのある人、あるいはその家族などで一度も会ったこともない人を含めて六十名以上の大所帯になっている。もちろん、クリスチャンではない人たちも大勢いたが、佐藤牧師はそこにいるすべての人を教会員たちと同じように受け入れることに迷いはなかった。とはいえ、それだけの人数を背負っていくの

恵泉キリスト教会会津チャペル。ほとんどの教会員が地震の後、初めてここで人心地がついた思いをした

は簡単なことではない。

一泊の予定で千葉に出かけている間に、帰る家と働く場所がなくなってしまった。着の身着のまま物を取りに帰ることもできない。けれども、そんな自分の身の上を嘆いたり心配したりする余裕すらない。この大所帯をどうやって食べさせればいいのか。明日はどこで寝かせればいいいのか。具合の悪い人はどこの病院に連れていけばいいのか。お金が尽きたらどうすればいいのか。筋書きを知らないドラマの中に突然放り込まれたようで、佐藤牧師はこの頃、いつもドキドキしていたという。初めて体験する圧倒的な重圧感に、傍で見ていてわかるほど、急激に痩せていった。

結局、会津チャペルには二泊させてもらった。その間に、いくつかの教会が受け入れを申し出てくれたが、中でも山形県米沢市にある恵泉キリスト教会の米沢チャペルでは、明日から来てもいいと強く勧めてくれた。春から秋にかけてキャンプ場として使っている施設を、除雪をし、ガス・水道を整え、受け入れ準備をしてくれているというのだ。

米沢に行くためには、吹雪の中を峠越えしていかなければならないが、他に選択肢はないように思えた。佐藤牧師は米沢に身を寄せることを決意し、会津に避難してきていた人々に、会津にいられる二泊のうちに、米沢に同行するかどうかを決めてほしいと告げた。家族や親戚を探しに行くためにいったん離れる人たちを除き、約五十人が米沢に一緒に行くことを決めた。一行は十数台の車を連ね、雪の吹きすさぶ道をさらに北に向かった。

こうして福島第一聖書バプテスト教会は、寝食を共にし、運命を分かち合う、ある意味で特殊な移動式の教会となった。しかし、この旅に出た者だけがこの教会の会員すべてでは、もちろん、ない。むしろ、過半数の教会員たちがそれぞれのルートで日本全国に散らされてしまったというのが辛い現実である。

中には、後に佐藤牧師たちと合流することになるが、それまでの何か月間は違う道を辿った人たちもいる。中村勝子さんもそのひとりだ。

中村勝子さん

双葉郡富岡町に住んでいた中村勝子さん（七十三歳）は、福島第一原発の寮の食堂で働いていた。息子、娘が結婚し、独立したあとは二匹の犬を飼いながらのひとり暮らしだった。

地震が起こり、置いてきた犬が心配ですぐにでも帰りたかったが、国道は数珠つなぎの渋滞になっている。やむを得ず、その日は寮に泊まり、翌朝早く自宅に向かって車を走らせた。

自宅周辺まで来て、中村さんは妙なことに気がついた。町に入ってからずっと、誰ともすれ違わない。いつもなら散歩や通勤、通学の人があちらこちらを歩いている時間帯なのに、まるで町ごと留守になってしまったかのように不思議な静けさが満ちていた。そのことをいぶかしく思いながらも、とにかく、ゴエモンとクロという名前の二匹の犬を散歩に連れていってやることにした。

ゴエモンは捨て犬、クロは、柴犬に、飼い主の思惑の外で雑種の血が混ざってしまった子犬だったために虐待されていたのを救い出すようにしてもらい受けた犬だった。二匹を飼い始めて以来十年以上、中村さんは毎日朝夕二回の散歩を欠かしたことがなかった。雪の日には二匹に引っ張られて転んだり、大雨の日にはずぶ濡れになったりしながらも、家の周りでは決して排泄をしない二匹のために、それが飼い主の責任だと思って、どんな時でも必ず散歩に連れていった。

だからこの日も、家に着くなり、中村さんを待ちわびていた二匹を早速散歩に連れ出したのだが、やはり町の中には誰もいない。やがて巡回中のパトカーに会って「早く避難してください」と言われ、やっとその訳がわかった。町には避難命令が出ていて、近所の人々はみな、すでに避難していたのだ。パトカーの巡査は避難しなければならない理由については何も言わなかったので、中村さんは、余震が続いているせいだろうと思った。

　急いで家に帰り、水道が止まっていたので風呂の水を汲んで二匹にやり、その日のうち、もしくは遅くても翌日には帰れると思っていたので一日分の餌を出し、自分は何も持たないで急いで指定された体育館へ向かった。避難所になっていた体育館に着くと、間もなく別のもっと遠い体育館へ移動するように言われたが、津波が来たらしいということを聞いていたので、そのためかと思い、指示に従った。放射能が漏れているのだと聞かされたのは、事故から三日目のことだった。

　初めて事情がのみ込めた中村さんは、心臓が凍りつくかと思った。鎖につないだまま置いてきたクロとゴエモンはどうなるのか。餌は一日分しか与えていない。避難所にいた消防団の人に、犬を放してくるからちょっとだけ帰らせてくれと懇願したが、それはとても聞き入れてもらえる願いではなかった。

　今まで家族のように一緒に暮らしてきた犬を、こんなかたちで死なせることになってしまうのか。つながれたまま、じわじわと飢えて死を待つなんて、いちばん残酷な死に方ではないか。弱って朦朧とした頭で、空気の中に自分の匂いを探しているのではないか、自分の車が止まる音を待ちわびているのではないかと思うと身を切られるように辛く、中村さんはひたすら泣いた。

飛んで帰りたい気持ちとは裏腹に、中村さんはさらに遠く郡山の避難所へと移され、そこに三～四週間留まった。ある時、その避難所で隣にいた人がぽつりとつぶやいた。

「牛、八頭置いてきたんだけど、もう死んだかなぁ」

原発の町に生き、そこで共に暮らし、自分に全幅の信頼を寄せていたかけがえのない命を失った中村さんはこう語る。

「原発は人間の欲望が生み出したものですよね。これで便利になった、暮らしがよくなったと胡坐をかいて生きてきた自分たちが悪いんでしょうけど、動物たちは何も知らないで人間の手の中で生かされてきて、それで最後にこんな死に方をさせたと思うと耐えられないんですよね」

地震から約一か月後、千葉に住む息子が、会社の社宅をひとつ空けてもらえたからと、郡山まで中村さんを迎えに来た。後ろ髪を引かれながら千葉に移った中村さんが、地震のあと初めて、短時間の一時帰宅を果たせたのは八月のことだった。

ゴエモンとクロは、二匹向かい合わせにつながれたまま、「ぺしゃんこになって」死んでいた。

中村さんはその場にくずおれて、泣きながら謝り続けるしかなかった。遺骸も土も放射能で汚染されているから、自分で埋めてやることもできない。行政に頼んで石灰をまいてもらうことだけが、二匹のためにしてやれるすべてだった。

千葉から福島まで連れてきてくれた息子が、「犬のけじめもつけて、富岡にもけじめをつけて、母ちゃんの仕事ももう終わったんだから、二度とここへは足を踏み入れねえべな」と言った。そのことばどおり、中村さんはそれ以来二度と、その家に帰ることはなかった。

脱出の道

一方、佐藤牧師に率いられ、会津を出発した一行は、三月十七日、両脇を雪の壁に覆われた道を恐る恐る走りながら米沢に到着し、温かいうどんのもてなしで歓迎された。次の日で、地震からちょうど一週間になる。誰にとっても、あまりにも非日常的な多くのことが詰め込まれ、長いのか短いのかわからない一週間だった。

二十日の日曜日、恵泉キリスト教会米沢チャペルが開放してくれたミーコ記念ホールで、佐藤牧師は「私は、今日礼拝できるとは思っていませんでした」ということばで、日曜礼拝を始めた。確かに、ほんの十日前、未曽有の大地震と津波、深刻な原発の大事故の現場から逃げてきた人々が、場所は違えどこうしていつもと同じように日曜礼拝を行えるとは、誰も予想できなかったことだろう。

この礼拝の説教で、佐藤牧師は「本当に神様はよくしてくださいました」と語った。この時点で、二百名ほどの教会員のうち約百七十名の無事が確認されていた。中には、間一髪のところで命が助かるという経験をした人たちもいた。その日のうちに戻れると思って逃げてきたから、誰もが財産のほとんどすべてを失っていたが、避難生活直後から何百箱という単位で送られ始めた支援物資は、止むことがなかった。新品の洋服や食糧品のほか、ある信徒にとってどうしても必要だった特定の薬が、頼みもしないのにまるで奇跡のように箱から出てきたこともあった。

失ったものを数えればきりがない。買ったばかりのテレビ、建てたばかりの家といった大きなものはもちろんのこと、財布の中に入っているすべてのポイントカードの効力も、それを発行した店もろとも、全部なくなってしまっている。とにかくすべてが、何の予告もなく一夜にして失われた。

けれども、その非日常的な一週間の中で佐藤牧師をはじめとする福島第一聖書バプテスト教会の人々が実際に感じたことは、「それでも生きていける。生きていくために本当に必要なものは、実はそんなに多くはない。細く狭い道だけれども、道は続いている」ということだった。それは理屈ではなく、その一週間をかいくぐった人々の心に実際に湧いてきた思いだったのである。

安否を確認した百七十名のうち、「長年神を信じてきたのに、どうしてこんな目に遭わされるのか」と言った人はひとりもいなかった。むしろみなが異口同音に「神様はこんなふうにして守ってくださった」「神様の恵みでこうしています」「これからはもっと神様を信じて頼ります」と言ったことこそ、本当の奇跡ではないかと佐藤牧師は思った。

聖書の中には、エジプトで奴隷にされていたイスラエル人が、神に導かれて食べ物も水もない荒野を旅して逃げた出来事を描いた「出エジプト記」という書がある。そこには、神が、昼は雲の柱、夜は火の柱となってイスラエル人の先頭に立ち、進むべき道を示し、その道中に必要なすべての物を日ごとに与えたと書かれている。佐藤牧師は、自分自身にも言い聞かせるような気持ちでこう語った。

「本当に神様は、一本の脱出の道を与えてくださったと思うのです。その時、その時に一本だけです。『次はこうしなさい』とそのつど語りかけてくださるから、あんまり先を考えないでいいのです。……神様は耐えられない試練は与えません。むしろ耐えることのできる脱出の道を、私たちは経験しました」

渡邉光晴さん（五十二歳）は、今回の地震が起こるまでクリスチャンではなかったが、佐藤牧師のこの語りかけに心から深くうなずきながら聞き入っていた。教会とのかかわりは震災の少し前からで、それも決して深いつながりではなかった。妻の君江さん（五十二歳）が教会に通い始めたので、時折送り迎えをしたり、そんなことで顔見知りになった佐藤牧師と、狭い町内のレストランでたまに顔を合わせれば挨拶をしたりする程度のことだった。

君江さんのほうはもっと親密で真剣なかかわりをもち始めたところで、孫の幼児教室がきっかけだったが、鬱病に苦しんでいた自分が教会に行くと心が癒やされると感じるようになったことから、四月になったら洗礼を受けようと思っていた矢先に地震が起きたのだった。

地震のあった日、物という物がすべて落ちてごちゃごちゃになった自宅でカセットコンロなどを引っ張り出しながら一夜を過ごした渡邉一家は、翌日、町内の緊急連絡により、川内の体育館に避難した。川内からさらに郡山へと移され、原発が爆発し、先が見えなくなった頃、君江さんが教会の人からのメールを受けて、どうやら会津のほうに逃げられるらしいという話を聞いた。先述した青柳めぐみさんが開いた避難ルートのことである。

教会員でもなければクリスチャンでもなかった渡邉さんには遠慮があったが、ほかに行くあてもないし、話をもちかけてくれた教会の人が「困っている人が来るのは当たり前だから」と言ってくれたので、とりあえず、同行させてもらうことにした。

会津で受けたもてなしには感激した。布団、食糧、風呂が用意され、外部からも信じられないほど大量の物資がどんどん届く。見ず知らずの自分たちに、どうしてここまでよくしてくれるのだろう、と驚くばかりだった。

福島第一聖書バプテスト教会の人々は、会津で合流した日から、日曜日だけではなく毎日礼拝していたが、佐藤牧師はその中でよく「自分たちは何者だというのでこんなによくしてもらっているのでしょう」「今も生きて働かれる神様は、どんな時にも必ず助けてくださる神様です」ということを語った。渡邉さんは、自分が今それを身をもって体験していることを実感し、米沢に移って二日目か三日目、神を信じる決断をした。その思い、信仰は、今も変わっていない。

米沢での二週間

避難生活が長くなりそうだということがわかってきたため、佐藤牧師は長期戦に耐え得る日常生活を組み立てる努力をした。掃除当番や食事当番を決め、一日、一週間のサイクルも決めた。朝食、清掃のあとは礼拝と祈りの時間。そのあとは体操やゲームなどをして心身の健康を保つ工夫をした。子どもたちは午前と午後に分けて勉強もし、休養日と決められた月曜日には、雪深い山形ならではのそり遊びなども思い切り楽しんだ。献品のスキーウェアに身を包み、雪の丘の上で嬉しそうにピースサインをする子どもの笑顔からは、避難者であることは想像もできない。

米沢チャペルの人たちは除雪をしてくれたり、米沢牛のすき焼きをご馳走しに来てくれたり、野外でサンマを焼いてふるまってくれたり、束の間の楽しみと慰めを幾度も提供してくれた。寄せられた献金で、一度は思い切って外食もした。食堂の厚意で、子どもたちは綿あめ作りをさせてもらい、大はしゃぎだった。「日常」を演出するそんなささやかな贅沢が、子どもたちの心をどれほど安定させ、それを見守る大人たちの心を支えたことだろうか。

また、一行の中には三月末に幼稚園を卒園する男児と、小学校を卒業する男児がそれぞれひとりずついたので、三月二十三日に教会手作りの卒園式と卒業式も執り行われた。地震がなければ、あるいはせめて原発事故がなければ、それぞれの幼稚園、小学校で行われるはずだった式の代わりに、牧師、副牧師、伝道師連名の手書きの卒業証書を用意し、避難生活を共にするすべての人が列席する前で佐藤牧師がそれを読み上げる。

　男児たちの家庭に用意されてあったであろう式のためのフォーマルスーツは、もちろん、持ち出すことはできなかった。トレーナーにズボンといった普段着だったが、胸には手作りのリボンのコサージュをつけ、神妙な面持ちで佐藤牧師の前に立っている。証書を読み上げる佐藤牧師の声が涙に詰まった。

　証書の授与の前後にみなで「蛍の光」と「仰げば尊し」を歌い、佐藤牧師が祝福の祈りをする。親の目にも、列席者たちの目にも万感の思いからくる涙が光った。

　卒園式や卒業式のほかに誕生会なども催

米沢での卒業式。佐藤牧師が手作り卒業証書を読み上げる

し、子どもたちにはなるべくいつもどおりの生活をさせようとする一方で、佐藤牧師の苦悩は深まっていった。というのも、この避難の旅は当初は、寒さや食糧不足などの劣悪な環境から、高齢者や幼児、体の弱い人たちの命を守るための緊急行動で、後先を考えてのことではなかった。それが、原発の爆発という想像だにしなかった深刻な事態のために帰る場所を失い、次の行き先も未定のいつ終わるとも知れないさすらいの旅へと変容してしまったのだ。

そもそも、こういうかたちで共同生活を続けること自体、いいことなのかどうかわからなかった。この生活が長くなれば、途中で降りるに降りられないと感じる人も出てくるのではないか。家族や親戚に頼ろうと思えば頼れるのに、それを悪いと感じるのではないか。あるいは、信徒たちを必要以上に依存的にしてしまうかもしれない。

あれこれ考えれば迷いが生じるばかりだったが、実際問題としてほかにどうしようもない、というのが現実だった。ひとり暮らしの高齢者を含むこの群れに向かって、「集団避難はここまでです。あとは各自でどうにかしてください」と言うことはできなかったし、自分から離れていこうとする人たちもいなかった。

とにかく、次の行き先を確保しなければならない。米沢のミーコ記念ホールには三月末までの二週間ほど滞在させてもらえることになっていたが、四月からはこの場所も元来の目的のために使用されることが決まっていた。

実は、佐藤牧師の携帯電話にはその時たくさんのメールがたまっていた。地震直後から教会のホームページに、自分たちの置かれた状況を知らせ、祈りと支援を求める書き込みをしていたが、その閲覧者数はピーク時で何と、一日二十万件を超えることすらあった。書き込んだ本人が心底驚くほどの数であった。その大半はキリスト教関係者だったかもしれないが、日本国内にとどまらず、世界中の人々が、この原発から五キロの教会の運命に関心を寄せ、自分にできることを考えていたのだ。行くところがないなら受け入れる、という申し出も多数寄せられていたが、佐藤牧師にはそのひとつひとつについて深く考え、返事をする余裕すらなかった。

けれども、いよいよ次の行き先を決めなければならなくなった時、ひとりの牧師から何通も届いているメールが提案していることについて、真剣に検討するべきだということがわかった。それは、日本福音キリスト教会連合という団体の震災支援担当者の牧師からで、東京の奥多摩にある「奥多摩福音の家」というキャンプ場が受け入れを表明しているので、そこに行ってはどうかという内容のものだった。

福島を故郷とする者たちにとって、身を寄せる先として東京はあまりにも遠く、なじみのない場所に思えた。しかし、健康に不安のある人たちを抱えてこれ以上、北に行くわけにもいかない。暖かい関東地方からそういう話をもらえたのなら、尻込みばかりしているわけにもいかなかった。佐藤牧師は、妻と伝道師を伴って「奥多摩福音の家」を、下見と相談のために訪れることにした。

それにしても、本音の一部では、どうしてこんなことになったのかと思わずにはいられなかった。期せずして率いることになってしまったこの六十名近い集団が、安心して生きていける場所はあるのか。会津でも米沢でも、真心からのもてなしを受けて感激することばかりではあったが、それでも「人に迷惑をかけてはいけない」という教えが身に染みついている日本人の壮年男性として、誰かの善意にすがらなければ生きていけないという状況は、想像以上に辛いものだった。「お互い様だ」と言われても、「今はほかに仕方がないのだから当たり前のことだ」と言われても、自分自身がそう思ってふんぞりかえることはどうしてもできない。

提供する側にはまったくそんな気持ちはないのだから、これはあくまでも受ける側の主観的な引け目ではあったが、「すみません、本当にすみません」と頭を下げなければ寝る場所も食べる物も自分では用意できないこの立場は、一体いつまで続くのだろうと思うと気持ちは沈むばかりだった。

ところが、そんな佐藤牧師の重い心とは裏腹に、実は奥多摩では地震の翌日、つまり、佐藤牧師がまだ千葉にいて、福島に帰れないでいる頃からすでに、避難者受け入れに向かっての動きがとられていたのである。

第2章

＊

感謝と苦悩の
交錯する日々

奥多摩福音の家

奥多摩はその名のとおり、東京のいちばん奥、西の端にあって山梨県と隣接する山岳地帯で、人造ダムである奥多摩湖の周囲にはさまざまなハイキングコースも造られている観光地である。

その奥多摩にある「奥多摩福音の家」は、ドイツのキリスト教宣教団体であるリーベンゼラ・ミッションが一九六五年に建てたキリスト教信徒用の保養施設である。リーベンゼラ・ミッションに所属するドイツ人宣教師のトラウゴット・オッケルト氏は一九八〇年に来日し、二〇〇六年から奥多摩福音の家の責任者を務めるようになった。

地震が起こってからのオッケルト氏の行動は素早かった。地震と津波の被害の規模が次第に明らかになり、数えきれないくらいの人々が住む家を失ったことがわかると、宿泊施設である奥多摩福音の家はゲストを迎える専門家だから、今この時にその必要があるなら、施設を開放して避難者を受け入れようと決心した。

リーベンゼラ・ミッションは、日本の福音派と呼ばれる教会がいくつも集まった団体である日本福音キリスト教会連合と深い協力関係にある。この団体を通して受け入れるべき人を紹介してもらおうと連絡を取ると、震災支援担当になった岩松康宣牧師から福島第一聖書バプテスト教会のことを知らされた。地震の翌日のことである。

もともと、原発のすぐそばにある教会ということで、それを知る人々は真っ先にその安否を気遣っていたが、間もなく佐藤牧師がインターネットを通して教会員たちが直面している苛酷な状況を伝え始めたので、奥多摩に避難させるならこの人たちだ、という判断があったのだろう。

実は、原発事故の深刻さが明らかになるのに伴い、ドイツをはじめとする諸外国は、日本にいる自国の宣教師たちに避難命令を出し始めていた。しかし、オッケルト氏はその命令に従わなかった。毎日一緒に働き、生活を共にしている日本人スタッフがどこにも逃げないのに、自分たちだけ逃げることはできないと思ったのだ。

しかし、オッケルト氏自身は、このことについて多くを語ろうとはしない。宣教師たちを守るために避難命令を出さざるを得なかった宣教団の苦悩、自分自身は残りたいと願いながらも、母国の家族や親戚の同意を得られずに、後ろ髪を引かれながら戻らざるを得なかった宣教師たちを知っている。また、彼らがそのことによって心に傷を負い、その傷がまだうずいていることを知っているから、帰らなかった自分がヒーロー扱いされることが耐えられないのだ。

「私の二人の息子は日本で生まれ育ちましたから、日本が大好きです。当時はドイツで暮らしていましたが、地震のことを聞いて次男は、『自分の国に帰らなければ』と言ってすぐに日本に来ました。だから、私たちがドイツに帰るなんて言ったら、息子は私たちを赦さなかったでしょう」と微笑み、「親戚もみんな理解してくれた私たちは、ただ幸いだったのです」と語る。

下見に訪れた佐藤牧師は、奥多摩福音の家が整えてくれていた想像以上の受け入れ態勢に驚かされた。「お世話になりたい」という意思表示はおろか、メールへの返信さえできずにいたというのに、福音の家のほうでは、大人数の避難者のために洗濯機を増やして設置したり、高齢者や幼い子のいる家庭に配慮した部屋割りを考えたりと、迎え入れる準備を着々と進めている。佐藤牧師はただ感謝をして頭を垂れ、「よろしくお願いします」と言うほかなかった。

こうして、いよいよ福島第一聖書バプテスト教会の五十数名がやってくることが決定したが、その頃はまだ、原発事故の全容がわかっていたわけではなかったので、受け入れる期間は一か月か二か月、長くても夏までくらいのことではないかとオッケルト氏は想像していた。夏の予約はすでに七十団体ほど入っていたが、そのすべてをキャンセルすることにした。オッケルト氏は、そのひとつひとつの団体の責任者のところに直接出向いて謝らなければならないと考えていたが、実際にはどの団体も電話での事情説明だけですべてを理解し、申し出を快く了承してくれた。中には、そういうことなら、と寄付してくれる団体さえあった。

ところで、奥多摩福音の家の三棟ある建物はすべて奥多摩福音の家の所有財産だったが、敷地は五人の地主から借りている土地だった。原発周辺からの避難者を数十名受け入れるということを、地主に無断でするわけにもいかないと思ったオッケルト氏は、地主のひとりである加藤房一氏（八十二歳）に挨拶に行くことにした。オッケルト氏としてはただ、義理を通すためのものであり、加藤さんが「そうですか、わかりました」と言ってくれれば、それで充分なつもりだった。ところが、オッケルト氏の話を聞いた加藤さんは思いがけない行動に出た。

町ぐるみの受け入れ態勢

加藤さんは奥多摩で、自治会や消防団の活動に二十年以上かかわり、地元に大きな人脈をもっている人だった。三月二十九日、オッケルト氏と奥多摩福音の家のマネージャー大通泉さんの訪問を受け、四月一日より福島からの避難者五十数名を受け入れたいという話を聞いた時、加藤さんの頭に浮かんだのは、これは福音の家だけで受け入れるのは難しいだろうという思いだった。

　避難者の中には小学生､中学生もいるという。それなら学校の手配をしなければならないし、透析患者もいるというから、どこの病院へ連れていくかも考えなければならない。奥多摩町に二十一ある自治会の自治会連合会長まで務めていた加藤さんなら、どこに行って誰に何を頼むべきか瞬時に判断できる。ここは自分が動くのがいちばん早いと思った加藤さんに、その時、使命感のようなものが生まれた。話を聞き終わるやいなや、オッケルト氏に「先生、支度するから一緒に町役場に行こう」と言うとふたりを連れて町役場に向かったのだ。

　ただ挨拶に来たつもりだったオッケルト氏は驚いた。加藤さんに引っ張られるようにして町役場に行くと、その話の通りの速さは想像もできないものだった。加藤さんは､「〇〇課の誰々を呼んでくれ」と名指しで担当者を呼び出すと、必要だと思われる手続きを片っ端から済ませていく。

　あいにくその日は町長と副町長は不在だったが、企画財政課の課長と町としての受け入れ態勢について話し合い、社会福祉保健課、保健福祉課を回って透析患者の受け入れやその他のことについて話し合い、教育課では学校への子どもたちの受け入れについて話し合う、といった具合だ。まるで、まだ見ぬ五十数名の避難者の庇護者になったような心配りだった。

役場から帰ると、自治会長と、近隣約七十八所帯の組の組長、保育園、近くの交番の駐在にも事情を話しに行った。町会議員にも会いに行って協力を求めた。加藤さんのこの迅速な行動により、福島第一聖書バプテスト教会の一行に対する受け入れ態勢は、今や奥多摩町をあげての万全のものとなっていた。

翌三十日の朝一番で、加藤さんが再び町役場を訪れると、前日不在だった町長はすでに事情をのみ込み、役場の全課に対して受け入れの指示を出し終えていた。子どもたちが入学する学校も準備を始め、透析患者のためには青梅から病院の送迎車が回されるよう、町の福祉保健課が手配をとっていた。

福音の家は福音の家で、受け入れ準備に忙しく動いていた。普段の客は二泊か三泊の滞在だが、今回は、キャンパーではなく、家族とその生活丸ごとの長期滞在になる。生活用品をあれこれ揃え、ファックスやパソコンも必要だろうと増設し、掃除をし、と、てんてこ舞いをしていた。

その様子を見ていた加藤さんは、自分にできることはあとは何だろうと考えた結果、「ようこそ奥多摩に」という歓迎の横断幕を作り始めた。会社員時代、中国や台湾などの外国からお客様を迎える時、よくこのような横断幕を作り、会社の吹き抜けの玄関から垂らして歓迎の意を表したものだった。その経験を生かし、ワープロで打った字を拡大コピーして横断幕を作ったのだが、出来上がってみると、福音の家に貼るには大きすぎるようにも思えた。「こんなの持っていってもしょうがないか。やめとくか」と言う加藤さんに、妻の孝子さん（七十九歳）が、「お父さん、せっかく作ったんだから持っていきなさいよ。貼るところはいっぱいあるから」と背を押した。

「ようこそ奥多摩に」

三月三十一日、福島第一聖書バプテスト教会の人々は、十五日間身を寄せた米沢のチャペルを出発し、奥多摩に向けて三度目の大移動をすることになった。出発前夜には、米沢の教会員たちが手打ち蕎麦やお菓子を用意して、心尽くしの送別会を開いてくれた。福島の人々は、支援物資の中からチョコレートなどを探してセロテープでつなぎ、お菓子のレイを作って米沢の人たちの首にかけ、感謝を伝えた。

二週間という期間は決して長くはないかもしれないが、恐怖と不安と心細さの海から救い上げられ、心のこもったもてなしを受け、慰め励まされた特別な二週間である。別れの日には誰もが泣いた。感謝の涙、別れを惜しむ涙、先を思っての涙、いろいろな涙が混じり合っていたことだろう。すすり泣く人、声をあげて泣く人々が固い握手と別れの挨拶を交わした。

米沢を朝の十時に出発し、その日の夕方六時に奥多摩にたどり着いた一行は、その時、一体どんな表情をしていたのだろうか。何の覚悟もないまま、数時間後か翌日には戻るつもりで自宅を後にしてから二十日が過ぎていた。会津、米沢とだんだん故郷から遠ざかり、双葉郡にはそう簡単には戻れ

米沢を発つ前に手をつないで祈る一行

そうにもないという辛い事実だけが次第に明らかになってくる。とうとう、縁もゆかりもない遠い東京の奥多摩にまで来ることになってしまった。奥多摩の人たちにどう受け止められるのかもわからない。

そんな不安な気持ちを抱えながら車十五台を連ねて福音の家にたどり着いた一行を迎えた「ようこそ奥多摩に」の横断幕。その文字は、佐藤牧師やみんなの目に、どんなふうに映ったことだろうか。結局その横断幕は、一行が奥多摩に滞在していた間中ずっと食堂に貼られて、最後まで外されることはなかったという。「ようこそ奥多摩に」。

奥多摩福音の家。「お待ちしておりました」のことばがあたたかい

きっと、一人ひとりの心に沁みたに違いないそのことばは、決してことばだけの歓迎ではなかった。

加藤さんはその日、福音の家にたどり着いた人々の入浴のためにと、タオルを六十本持って駆けつけた。二、三日後には、自分の畑で採れたじゃが芋を持って、また訪れた。しばらくしてひと息ついた頃には、高齢者を中心に十数名の教会員を自宅にお茶に招いた。福島のおばあちゃんたちには、お菓子よりもこれがいいだろうと山菜料理を用意してもてなすと場は和み、話が進むうちに一人ひとりが地震や避難のことなど、体験談を語り始めた。

加藤さんは、目の前にいる本当に小柄な九十歳の佐々木さんが、自衛隊の幌付きトラックの板を渡しただけのベンチに十時間以上もしがみつきながら逃げたという話に大きな衝撃を受けた。こんなか弱い人が、どうしてもっと優先的に早くバスに乗せてもらうことができなかったのか。奥多摩ではこの人たちに、二度と辛い思いはさせたくない。よそから来た人たちだからとか、宗教の違う人たちだからという理由で疎外感を味わわせるようなことは断じてしないと、口にこそ出さなかったが、この時、心の中で固く決意した。

加藤さんのそんな思いが町全体にも以心伝心のごとく伝わったかのように、福島からの一行に対する地域の対応は驚くほど温かく、優しかった。八人の子どもたちが転入した小学校の校長先生は、始業式の朝礼で「校長先生は、この子たちの応援団です。ですから、この子たちをいじめるようなことは校長先生が絶対に許しません」と宣言して子どもたちを紹介してくれた。その子どもたちが背負っているランドセルは、奥多摩全域から集められた多数のランドセルの中から、好きな色を選んできたものだった。

奥多摩福音の家には、入れ替わり立ち替わり町民たちが訪れ、蕎麦を打ったりまんじゅうを差し入れたりしてくれた。マッサージのボランティアも、出張歯医者も、出張理容室も来てくれた。自治会が集めた義援金も届けられた。お米を持ってきてくれる人も、餅をつきに来てくれる人もいた。

子どもたちは佐藤牧師に祈ってもらってから登校していく

このような光景を目の当たりにして驚いたのは、オッケルト氏をはじめとする福音の家の人々だった。奥多摩に福音の家が建てられて五十年近く経つが、その長い年月にもかかわらず、この施設は奥多摩の中ではどこか特殊な存在であり続けた。宿泊施設なのだから当然といえば当然だが、いつも外から人が来て、何か宗教的なことをやっている場所として、地域の人がそこに立ち入ることはまずなかったのである。

それが、福島第一聖書バプテスト教会の人々が来てからというもの、その目に見えない垣根が一気に崩れ去ったようだった。小学生八人、中学生三人、高校生三人が毎朝そこから、「行ってきます」と言って登校していく。「行ってらっしゃい」と見送る親たちがいる。放課後には子どもの友達が遊びに来る。その子たちの親と「ママ友」になった近隣の人が、福音の家の庭で笑い声をあげている。オッケルト氏にとっては、信じられないような嬉しい光景だった。

奥多摩での日常

福音の家に来てからというもの、高齢者たちはどんどん元気になっていくようだったと、佐藤牧師の妻・ちえ子さんは言う。近隣の人々はこれ以上ないくらい歓迎してくれているし、福音の家のスタッフとも仲良くなれた。佐々木智子さんは、九十一歳の誕生日を、ドイツ式に胴上げで祝ってもらったことが忘れられない。「本当は胴上げですが、九十一歳の方を胴上げするわけにはいかないので、椅子ごとになりました」とオッケルト氏が笑うとおり、神輿のように椅子ごとかついでもらった写真を今も大切に飾ってある。

また、福島からの一行は幼児から小中学生、高校生や成人たちと、家族構成そのままにさまざまな年齢層のいる団体だったから、高齢者にとっては守られている安心感もあるし、小さい子の相手をして自分が役に立てる場面もあり、ある意味では理想的な共同体に暮らしているようなものだった。

故郷を追われ、慣れない土地での避難生活を強いられている人々を少しでも慰めようと、外部からの慰問も数多くあった。例えば、奥多摩から二十キロほど離れた場所にある東大和市の玉川上水駅前にあるモスバーガーの店長夫妻は、妻がクリスチャンだった関係で、奥多摩福音の家に福島の教会の人たちが避難してきたことを知った。ちょうど震災に苦しむ人たちのために何かしたいと思っていたところだったので、早速、昼食にしてもらおうと、店の商品の差し入れをした。福島第一聖書バプテスト教会があった大熊町の近くにはモスバーガーがなかったため、初めて食べたという人もいて、とても喜ばれた。そこで、次回からは材料を持ち込んで、福音の家の厨房を借りてその場で作り、出来立ての温かいモスバーガーを食べてもらうというサービスを数回、提供した。

このような心尽くしの慰問やカンパは途切れることがなく、それまで何のかかわりもなかった人々からの数えきれないほどの厚意を受け、感謝の絶えない毎日ではあった。しかしその一方で、奥多摩での暮らしが避難者たちにとってすべて嬉しいことばかりの理想的なものだったかといえば、それはやはり、そうではない。

着の身着のままで故郷を追われた日から二十日後に、ようやく家族単位のプライバシーを保てる環境に落ち着くことができたが、それも限られた最小限のプライバシーだった。部屋と部屋は薄い壁一枚で隔てられているだけだったし、お風呂もトイレも洗濯機もすべて共用になる。使う順番や頻度、使い方、掃除のしかたに関する常識も個人個人で違うものだし、三泊や一週間のキャンプ生活ならともかく、いつまで続くかわからない月単位の長さの生活の中では、そういったことは決して「ささいなこと」ではなく、深刻なストレスになった。

また、このような特殊な生活の中では、それぞれの家庭における子育ての違いが摩擦の大きな原因になった。日曜日、教会で会っている間だけなら多少のことには目をつぶれる。だが、朝から夜まで生活を共にする中で、またその生活がいつまで続くかわからない中で、子育てに関することは最も見過ごしたり譲ったりしにくい事柄だったし、自分のやり方を否定されたように感じれば深く傷つくことでもあった。

日が経つにつれ、佐藤牧師夫妻や将司副牧師夫妻のもとには、そのような相談事が毎日のようにもち込まれるようになった。牧師夫妻、副牧師夫妻は、自分たち自身ストレスを抱えながらではあったが、一人ひとりの話に極力耳を傾け、吐き出される思いを受け止めながら、「今は訓練の時と思って耐え忍びましょう」「受けた恵みを数えてみましょう」「お互いに足りない者として赦し合いましょう」「人の言動に気を取られないで、神様を見上げましょう」と慰め、諭し続けた。毎週日曜日の礼拝のほかに、水曜日にも自分たちだけの礼拝をしていたが、その水曜礼拝の説教のテーマはもっぱら、忍耐、受容、赦し、神への信頼などだった。

一章で触れた、米沢で信仰をもった渡邉さんの妻君江さんは、地震の少し前に信仰をもち、何事もなければ四月に双葉郡大熊町の教会で洗礼を受ける予定だった。それがこのようなことになり、思いがけず東京の奥多摩福音の家で洗礼を受けることになった。そしてこれもまた想像もしていなかったことだが、自分ひとりではなく、夫と四人の子どもたち、家族六人で一緒に洗礼を受けることになったのである。

しかし、クリスチャンになりたての、そしてもともと鬱に苦しんでいた君江さんにとって、この共同生活は辛いことも多かった。六月になると、夫は単身赴任で大分県に移っていき、奥多摩には月に一度くらいしか帰ってこれず、頼れる人もいない。特別な環境下の共同生活では、傷つくことも多かった。クリスチャンになれば、自分も人も、清らかで穏やかになるのかと思っていたが、現実はそうではない。キリスト教界の中ではよく「クリスチャンとは、罪を赦された罪人に過ぎません」という言い方をするが、それは、信仰をもって罪を赦されたと信じることと、罪がなくなることとは同じではないという意味である。自分には罪があると自覚して、それをどうにかしたい、成長したい、と思っても、人はそんなに簡単に変われるものではない。それでも神に愛され、赦されていることを信じ、祈りながら日々の生活を営むのだが、成長は一生をかけるプロセスだ。その途上ではお互いの弱さに寛容になれなかったり、摩擦が生じることもある。ストレスの種がいくらでも転がっている集団生活では、その現実に直面せざるを得ない状況だった。

佐藤牧師は君江さんに、「神様は平等です。教会に何十年通っている人でも、今日初めて来た人でも、神様の目から見れば同じなんですよ。罪のない人はいません。みんな赦されて、愛されている神様の大切な子どもなんですよ」と諭す一方で、「でも、あんまり辛かったら、ここを抜け出すのもひとつの手ですよ。抜け出したからといって神様が怒るわけでもないし、見捨てるということもありません」とも言ってくれた。

それでも、君江さんは、福音の家を去ろうとは思わなかった。悩みを感じない日はなく、涙を流すこともしばしばだったが、礼拝ではいつもいつもその問題にぴったりの答えが語られる。ひょっとして部屋に盗聴器があるのではないかと思うほど、自分の心のニーズに合った説教ばかりだったのだ。

渡邉家はその後、一時、家族で大分で暮らした時期もあったが、離れてみると教会のみんなが恋しくて恋しくて仕方なかった。そばにいて一緒に生活をすれば腹の立つこともあるが、離れると耐え難い寂しさに襲われる、本当の家族のような存在になっていたのだ。

外回り牧師と内回り副牧師

将司副牧師は奥多摩に来てから、もう一つの辛い現実を改めて味わっていた。それは、福島第一聖書バプテスト教会の分断という現実である。当初は、弱者の命を守るための緊急避難として始まった旅が、はからずもこうしたかたちで生活を共にする共同体のようなかたちになったが、その数は元々の教会員数の四分の一に満たない。残りの教会員たちは親戚を頼ったり、その他のつてや仕事の都合などさまざまな事情で全国各地に散っている。

牧師夫妻と副牧師夫妻が率いる群れが——これも、ほかに選択肢のない成り行きとしてそうなったことなのだが——東京に行って共同生活を始めたことで、あたかも教会に置いていかれてしまったかのような寂しさを覚える教会員が出るのも無理のないことだった。

将司副牧師は、地震の当日からずっと、離ればなれになってしまった教会員の安否と置かれている状況を把握しようと、携帯メールで連絡を取り続けていた。そのメールで「将司先生、福島に残った私たちの気持ち、わかりますか。夏の暑い日でも、子どもたちは長袖を着てマスクをして外に出なければならないんです」と言われると、胸がえぐられるように痛んだ。

奥多摩組の近況を知らせる情報メールを送っても、そのメールを見ることで寂しさが募るからもう送らないでほしいと言う人もいた。かといって、送らなければ送らないで寂しさを感じる人もいるだろう。ついこの間まで、家族のように親しく付き合い、自分たちの心や魂にかかわる問題を毎週の礼拝の中で共有していた教会員たちは、何の準備も覚悟もないままに突然引き裂かれ、再会の見通しも立たず、言うに言われぬ寂しさや不安を感じていたのだった。

奥多摩での生活が始まって約一週間後、キリスト教の暦で、十字架にかかったイエスの苦しみを偲ぶ期間である「受難週」に、福島から悲しい知らせが届いた。行方がわからなくなっていた教会員の紺野慶子さん（当時五十歳）の遺体が発見されたという知らせだった。津波のため、南相馬市小高区で亡くなっていたのだが、その地区は当時、高濃度の放射線のために捜索ができず、地震から一か月以上を経て、ようやく発見されたのだった。

知らせを受けて急きょ、将司副牧師と伝道師が福島に向かった。南相馬市の体育館で遺族と一緒に遺体と対面し、遺品などから身元を確認し、葬儀の準備に入った。将

故郷から遠く離れ、奥多摩で紺野慶子さんの追悼礼拝が行われた

司副牧師にとってはこれが初めての、自分が司式する葬儀となった。

同時刻、奥多摩福音の家では、佐藤彰牧師の司式による紺野さんの追悼礼拝が執り行われていた。本来なら葬儀に出席したであろう教会員たちが、遠く離れた東京で、紺野さんと遺族のために涙の祈りを捧げていた。福島第一聖書バプテスト教会はこの日から一か月ちょっとの間に、あと三件の葬儀を行うことになる。直接的な被災による死は紺野さんのみだったが、残り三件も震災関連死と呼べるものだった。

ところで、紺野さんの遺体との対面から葬儀までの空いた時間を利用して、将司副牧師は相馬郡近辺に避難していた教会員を尋ね求め、訪問して歩いた。地震のあと初めて会う教会員たちとの再会は、悲しみの中の束の間の慰めだった。これをきっかけに、東京に戻ってから将司副牧師は、「教会員訪問全国巡回ガンガンツアー」というものを始めた。

実は、奥多摩に落ち着いてからの佐藤牧師は、率いていた人々がひと息ついたのとは裏腹に、自身は異常なほどの多忙を極めていた。奥多摩までたどり着けたことによってとりあえず、明日の寝場所、食事を心配する生活からは解放されたが、それで教会員のニーズがなくなったわけではない。避難生活が長期化することが決定的になり、むしろ複雑で繊細な問題がたくさん発生することになったのだ。精神面でのサポートに加え、就職のサポート、住居のサポートなど、およそ牧師の仕事とは思えない慣れない分野で奔走することとなった。

また、自分たちを受け入れるために、通常なら年間五千人以上になる宿泊者を全部断って営業を止めてくれている福音の家に対する責任も感じていた。最初は夏までの滞在を頼むつもりでいた。しかし九月の時点で「今年いっぱいお願いできますか」と延長を頼まざるを得なくなり、十一月頃には、「子どもたちを同じ学年のうちにもう一度転校させるのは忍びないから学年末、つまり翌年の三月末まではここに住ませよう」ということで、福音の家と合意していた。

オッケルト氏は、ドイツの教団本部から多額の献金があり、そのほかにも世界中からの献金が集まっていることを話してくれた。あるドイツ人牧師の親戚が住む南米チリの小さな村では、その牧師を通して福島第一聖書バプテスト教会の境遇が知らされると、貧しい村人たちが乏しい財布の中から献金を出し合い、送ってきてくれたという。奥多摩の隣町である青梅市はドイツのボッパルト市と姉妹都市の提携を結んでいるが、そのボッパルト市がやはりこの教会のことを聞いて、市をあげてチャリティー・フェスティバルを催し、売上金を送ってきてくれた。そのほか台湾など、宣教師のネットワークを通してこのことを知った世界中の教会から、多額の献金が寄せられていたのだ。

また、日本の企業からの協力もあり、例えば山崎製パンは、福島第一聖書バプテスト教会の人々が奥多摩に避難してきた直後から、毎週二回、全員分のパンの差し入れをしてくれるようになった。そしてそればかりか、ちょうどその頃、福音の家の大きなオーブンが壊れてしまってパンを温められないという話を聞くと、新品の高価な業務用オーブンまで寄付してくれたという。それは福音の家のようなキャンプ場にとってはもちろん、貴重な財産になる。オッケルト氏は佐藤牧師に、「あなたたちが大きな祝福をもたらしてくれた」とまで言ってくれた。

しかしそれでも、群れのリーダーとしての佐藤牧師は、「そうですか、それなら安心した」とは言えなかった。当時、被災者を受け入れている旅館などには国からの補助が降りていたが、それは「ホテル旅館同業者組合」というものに加盟していることが条件だった。宣教団体所属の宿泊施設である奥多摩福音の家は、その組合に加盟していないので対象外とされたが、佐藤牧師は引き下がらなかった。あちらに行けと言われればその部署に行き、こちらの管轄ではないと言われればまた別の人に会いに行くということを粘り強く繰り返しながら、「国の命令でこうして逃げ歩いているのに、どうして国は養ってくれないのか。世界中からの献金には本当に感謝しているが、日本国民として海外の人々に養ってもらってありがたいと言っていられないではないか。奥多摩福音の家がもし倒産でもしたら、私たちはどうしたらいいのか」と訴え続けた。

何回交渉をしたかわからない。自分のためならおそらくそこまではできなかっただろう。自分が率いる人々のために、大きな犠牲を払って安住の地を与えてくれた奥多摩福音の家のために、佐藤牧師は、ついに都の職員が奥多摩まで視察に来て「今まで本当に大変でしたね」というねぎらいのことばとともに補助金の許可を出してくれるまで、交渉を続けた。

そうした「仕事」に加えて、佐藤牧師には全国からの講演依頼が舞い込むようになっていた。あの地震で福島第一聖書バプテスト教会には何が起きたのか。教会員たちはどういう道筋を通って、今どこにいるのか。これからどこに行こうとしているのか。何を頼みとし、希望をつないでいるのか。そういったことを、招かれるままに全国、いや、日本国内にとどまらず、欧米にまで足を延ばして講演をし、理解と支援と祈りを要請することが大きな使命になっていた。

来客のない日はない。電話が鳴らない時間は一時間と続かない。ちょっと時間が空いたと思えばコンピュータに向かっている。この頃の平均睡眠時間は三~四時間だった。親、兄弟からの電話に出る時間すら取れなかった。ちえ子夫人にも夫に相談したいことはいくらでもあったが、話しかける時間を見出すことすらできない。携帯とパソコンを取り上げて投げ捨ててしまいたいという衝動に駆られることもしばしばだった。

佐藤牧師も、全国の講演先でその近くに避難している教会員がいれば訪ねていき、近況を聞き、励まし、共に祈るということを欠かさなかったが、倒れないほうが不思議というくらいの忙しさの中で、すべての教会員を訪ね歩くことは不可能だった。それを補うように、将司副牧師は精力的に全国に散った教会員を探し出し、会いに行くようになった。車の走行距離は平均してひと月に約五千キロ、毎月オイル交換をしに行って修理工場に驚かれるほどだった。「教会はあなたを忘れていない。あなたを大切に思って祈っている」ということを顔と顔を合わせて伝えるために、車でガンガン走って会いに行く「教会員訪問全国巡回ガンガンツアー」だった。

外部に向けてメッセージを発するために奔走する牧師と、離ればなれになった教会員の消息を求めて飛び歩く副牧師を見て教会員たちは「佐藤先生が外回りで、将司先生が内回りだね」と評したが、それは二人が留守の間も奥多摩の生活をしっかりと見守り、サポートし続ける夫人たちあっての働きだったことだろう。

将司副牧師の妻、涼子さん（三十九歳）は、この頃の夫を振り返って、「ちょっと燃え尽きかけていたと思う」と語る。副牧師として心を痛め、気を配ることはいくらでもあったが、奥多摩での集団生活の中ではそのような副牧師としての仕事のほかに、膨大な量の雑務にも追われた。若く、人当たりがよく、気が利き、親切が服を着て歩いているような感じの将司副牧師と涼子さんほど、何かを気軽に頼みやすい人はいないかもしれない。支援物資の振り分けという、公平を期するためには非常に気を遣う難しい仕事から、トイレットペーパーの補充といったささいな仕事まで、「困った時の副牧師」の役割は、数え上げれば切りがないほどだった。

疲れと緊張とストレスのため、自分の部屋に帰ってくると、将司副牧師の顔からは表情が消えた。口から出てくるのは否定的なことばばかりだ。そんな将司副牧師を、教会員たちはおそらく想像もできない。妻だけが、そういったネガティブな表現をできる唯一の相手だったのだから、人間として当たり前といえばあまりにも当たり前の反応だったと思うが、心配になった涼子さんがインターネットで「燃え尽き症候群」（慢性的にエネルギーを使いすぎることが原因の精神的衰弱状態）の症状を検索してみたところ、この時期の将司副牧師にはかなりの項目が当てはまったという。

涼子さんのおおらかな気質は、そんな将司副牧師にとっては大きな助けになったように思える。追い詰められている夫の問題を自分でどうにか解決しようとして助言しすぎたり、あれこれ言ったりすることなく、ただ受け止めて、将司副牧師があまりにも自己否定的な暗いことを言い始めると、「へぇ」とか「ふーん」などの相槌だけで聞き流したという。将司副牧師にしてみれば、本当に唯一の気持ちのはけ口を封じられることもなく、暗い感情を助長されることもなく、言うだけ言えば気が済んで、ほんの少し、本来の自分に戻ることができた。

そして次の日になればまた、目の前の雑用をこなし、教会員にメールを送り、相談に乗り、慰めと励ましのメッセージを語り、遠く離れた信徒に会いに行く生活に戻っていった。

第3章

＊

巣作り

故郷に帰れないのだとしたら

奥多摩にお世話になるのは来年（二〇一二年）三月まで、と決まったなら、佐藤牧師としてはそれ以降の行き先を決めなければならなかった。それも、年が明けてから考え始めるのでは遅すぎる。

地震から四か月後の七月、福島第一原発の事故がこれからどれくらいの時間をかけて収束するのかしないのか、素人にはまだ全然予想がつかなかった。だが、その頃、佐藤牧師の妻・ちえ子さんは、ある雑誌に「あの地域（大熊町）は核のゴミ捨て場になるだろう。地域の住民は帰れないはずだ。行政はそのことを早く明言すべきだ」という主旨の記事が載っているのを読み、衝撃を受けた。四か月間、希望をもち続けるべきなのか、あきらめるべきなのか、大きな葛藤の中で揺れ動きながらも胸に抱き続けてきた故郷への思いが、ふいに大鉈で立ち切られたかのような思いだった。

けれども後で振り返れば、この比較的早い時点で「家に帰る」という願いを捨てざるを得なかったのはいいことだったのだと、ちえ子さんは思っている。帰れないことが本当ならば、その記事の筆者が言う「行政は早く明言すべきだ」というのは、おそらく真理なのだ。そうでもしてもらわなければ断ち切れないほどの切実な願いを未だに捨てきれず、次のことを決められずに立ち尽くしている人々が大勢いるのだから。

とにかく福島第一聖書バプテスト教会の人々はこの夏、次のステップを考え始めることができた。七月二十四日、佐藤牧師は、奥多摩に避難してきた約六十名を集め、ここにいられるのは来年の三月までと決めた、とタイムリミットを告げ、次にどうしたいかについての希望を聞いた。すると、半数以上の三、四十名が、故郷の町には戻れなくても、福島のどこかに帰りたいと言った。あとは、東京にとどまると決断をした人、家族が住むどこか別の土地に移ると決断した人たちである。

では、三、四十名を連れて、福島のどこに戻るか。福島県は、警戒区域を挟んで北と南に分断されていた。北の南相馬市にも南のいわき市にも、福島第一聖書バプテスト教会の教会員がそれぞれ二十名ほど住んでいた。彼らは、奥多摩に逃れた人たちが福島に戻ってくるかもしれないと聞くとみな一様に喜んで、それぞれ自分のいる場所の近くに帰ってきてほしがった。しかし、当時はまだ道路や鉄道が分断されていて、警戒区域の北に行くのは大変なことだった。そこで、福島の中でも東京から近いいわき市がいいだろうということに決まった。

八月、佐藤牧師はちえ子さんを伴って、さっそくいわき市に下見に行った。しかし、いわき市もまた混乱の中にあった。警戒区域や津波の被害があった地域から、すでに二万三千人ほどがいわき市に流入していた。役場も病院もお店も、どこへ行っても大混雑といった状況で、不動産の物件も建築業者も資材も、何もかもが不足していた。そのため、不動産屋に行っても、もうこれ以上よその人に入ってきてほしくないという感じがありありと見て取れた。最初は六万円と言っていたアパートの家賃を、こちらが被災者だとわかったとたんに九万円と値段を釣り上げられることもあれば、「もうそのまま東京にとどまったほうがいいですよ」とはっきり言われることさえあった。

ないなら、建てよう

二回目の下見で、教会員のための住居も、礼拝をするための場所も借りられそうもないということがはっきりわかると、佐藤牧師の心の中に言いようもない悲しみがあふれてきた。自分たちには大熊町や富岡町に四つの大きな会堂があった。そのうちのひとつは新築だった。住む場所だってみなそれぞれ、愛着のある自分自身の大切な家を持っていた。それが、何の落ち度もないのにある日突然すべてを奪われ、今、せめてその代わりの場所を得ようと頭をぺこぺこ下げているのに、にべもなく断られ続けている。これが、現実なのか。

次の瞬間、やるせない悲しみが闘志に変わった。「よし、それなら建てよう」。礼拝をする場所が与えられないなら、この土地にまた、自分たちの教会を建てよう。高齢者や持病のある会員が住むアパートも、国や県が建ててくれないなら自分たちで建てようと思った。

ひらめきのように降って湧いた思いだったが、次の瞬間、それはもう決意になっていた。この時期は、このように重大な決断をする「ひらめき」が多かったのだと佐藤牧師は言う。ひらめいたら、すぐ決断。決断したら、すぐ実行。そういうテンポで進んでいかなければ、日ごと月ごとにエネルギーが半減し、気持ちも萎えてしまうことがわかっていた。夫がこの決断をした時、アパート建築費用のことについてちえ子さんの心の中にもひらめくことがあった。

あの地震が来なければ、福島第一聖書バプテスト教会はその春から、高齢者のためのデイケアサービスを始めようとしていたところだった。実は、そのために多額の献金を約束してくれていた信徒がいた。その信徒のもともとの願いは、ひとり暮らしをしている高齢の教会員が安心して暮らせる老人ホームを作りたいということだった。だがそれは、法的な手続き上いろいろと難しい部分もあったので、まずはデイケアサービスから始めようという運びになっていたのだ。そのお金がまだ、使われずに取り分けられている。それはもしかしたら、この時のためだったのではないか。今や家まで失ってしまった高齢者、体の弱い教会員が安心して暮らせるアパートを建てられるなら、献金者のもともとの志にかなうに違いない。果たして、その献金者はアパート建築にその費用を充てることを快く了承してくれたため、普通ならいちばんの大問題であるはずの資金繰りは、最初からクリアすることができた。

教会堂建築の資金については、もちろんそんなに簡単にはいかなかった。だが、とりあえず手付金になるだけのお金はあった。佐藤牧師たちが置かれている境遇を考えればそれさえ不思議なことだが、現実に、あったのだ。地震の直後の三月末に、佐藤牧師には地震のずっと前に入れていた講演会の予定があった。場所は横浜の教会である。キャンセルしようかとも思ったが、無理をすれば何とか行けなくもない状況だったので、その帰りに奥多摩福音の家の下見もできると考え、避難していた米沢のチャペルから出かけていった。行ってみると、教会では支援金を集めてくれていて、帰りにそれを渡された。

また、佐藤牧師がホームページを立ち上げて、時々刻々と変わる状況を報告し始めると、日本全国からどんどん義援金が送られ始めた。奥多摩に落ち着いてからは、佐藤牧師を招いて被災の現状と今置かれている状況を報告してほしいという教会が後を絶たず、行く先々で義援金を託された。それらがちょうど、手付金になるくらいの金額になっていたのだった。

また、いわきに会堂を建てるということが知らされると、全国に散らされた教会員たちも献金を始めた。いわきに帰る人も、帰らない人も、被災して職を失い、収入も途絶えていたのに、精一杯、献げ始めた。あの状況でよくもこんなに献金をしたものだと、佐藤牧師は胸を熱くした。

奥多摩から福島に帰ることを決めてからわずか二か月後の九月中旬、福島第一聖書バプテスト教会は、いわき市に、高齢者用のアパートを建てるための土地を購入した。教会堂を建てるのに理想的に思える一四一九平方メートルの土

会堂建設用地にて

地を見つけた時、不動産屋は佐藤牧師に売主を紹介し、直接交渉するようにと言った。一般的な方法ではないが、その売主は、町のためになると思える用途にしかその土地を売らないという信念をもっている人だというのだ。

佐藤牧師は売主に会うと、それまでの経緯を涙ながらに話した。大熊に持っていた新築の会堂を失ったこと、みんなで流浪の民のように逃げ回り、今、東京に仮暮らしをしていること、少しでも故郷に近いところに帰りたいと思っていること、希望を必要としていることなどを一時間にわたって語った。数日後、不動産屋から「売ると言っています」と連絡が来た。「もっと高い額を提示した相手を断ったこともあるんですよ」との注釈付きだった。

教会堂用とアパート用の土地のめどがついた八月のその頃、不動産屋から立て続けにアパートや貸家の空き情報が入り、次々に契約することができた。自分たちで建てるアパートに入れるのは高齢者を中心に八世帯だから、そのほかの人々の住むところを探さなければならないという難題が、自然に解決してしまったのである。七月には、あれだけ苦労しても見つからなかった物件情報なのに、この短期間に状況が変わったのかと後で不動産屋に聞くと、そんなことはないと言う。ただ、これという理由もなしに、ちょうどその一~二週間だけ、不思議なように空き物件が出たというのだ。

こうして、いわきに「帰る」準備は着々と整っていった。十一月には、エル・シャローム（「神の平安」という意味）と名前の決まったアパートの起工式が行われた。翌二〇一二年三月、奥多摩を引き払うタイムリミットを目前にしてアパートが完成。奥多摩から旅立つ日が迫っていた。

振り返れば、守られていた一年

二〇一二年三月二十五日、奥多摩福音の家は二百名を超える人々でごった返していた。この日は、福島第一聖書バプテスト教会が奥多摩で迎える最後の日曜日であり、これまで支援してくれた外部の人々を招いての「ありがとう、さよなら礼拝」が行われたのである。

礼拝の冒頭、挨拶に立った佐藤牧師は「私たちと苦しみを分け合いたい、寄り添いたいと思ってくださる方があって、私たちは今日、新たな旅立ちの日を迎えることができました」と言うと、涙にことばを詰まらせた。礼拝の中では、賛美歌だけではなく、避難の旅の間、牧師と教会員たちが繰り返し繰り返し、何度も歌った歌――けれども必ず途中で涙があふれ出し、最後までまともに歌えたことのなかった歌――「ふるさと」も歌われた。

礼拝後のレセプションには、一年間、故郷を追われてきた福島の人々を慰めようとあれやこれやに心を砕いてくれた奥多摩福音の家の近所の人々、子どもたちが通っていた学校の先生方も出席し、あちらこちらで手を握り合い、抱き合う姿が見られた。

この日の礼拝、その後にもたれたレセプションにはテレビの取材も入っており、後にそれが三十分のドキュメンタリーにまとめられて放送された。その中で、インタビューに答えて「生涯で最良の一年でした」と笑顔で語る小柄な老婦人がいた。梅田光子《てるこ》さん（八十六歳）である。筆者は当初、それは、奥多摩での温かいもてなしを指しての答えなのだろうと想像していた。しかし、後に梅田さんご自身にその真意を伺うと、それだけではない、さらに深い意味が込められたことばだったということがわかった。

大熊町の町営住宅でひとり暮らしをしていた梅田さんは、知人宅を訪問中に地震に遭った。その家のご主人は以前消防署に勤めていた人で、「この揺れでは多分、大きな箪笥なども倒れているし、余震もあるから危ないでしょう。明日、一緒に行って、倒れた家具などは直してあげるから、今日はうちに泊まってください」と言ってくれた。ひとり暮らしで腕力もない梅田さんにとっては、ありがたく心強い申し出だった。

翌朝、ラジオで原発が危ないということを知ったご主人は、自分の判断で車に布団などを積み込み、家族と梅田さんを連れて船引の総合体育館に避難した。しばらくすると、奥さんのお兄さんから埼玉県の自分の家に来るようにとのメールが入り、その一家は当たり前のように梅田さんも連れて、埼玉県に避難した。家族だけでも大変な時に、他人の自分にここまでよくしてくれるありがたさが身に沁みた。埼玉県のその家で、十日間、お世話になった。

その後、梅田さんが四十年前に勤めていた会社の社長の娘さんで東京在住の方が、梅田さんが埼玉に避難してきていることを聞き、迎えに来てくれた。その会社が閉鎖したあとも梅田さんは、社長の娘さんで、その時迎えに来てくれた方のお姉さんとずっと交流していたのだが、それにしても、予想もしなかったような親身の心配と親切をここでも受けることになる。東京在住の娘さんは、梅田さんを自宅に連れ帰って三月三十一日まで預かり、福島第一聖書バプテスト教会の一行が奥多摩に着くと、梅田さんをそこに送り届けてくれたのだった。まるで、大きな鳥の翼の下にかくまわれ、安全な場所へと運び届けられるようにして、梅田さんは奥多摩で教会のなつかしいメンバーと合流することができた。退職してからの二十年、一日置きに教会に通い、雑事を手伝っていた梅田さんは、自分の家族そのものである教会員たちと再会し、「天にも昇る気持ちだった」と言う。

奥多摩では、前述のような心のこもった歓迎を受け、「恵みの中に置かれている」と感じた梅田さんの心に、聖書の中のある一節が浮かんできた。
「空の鳥を見なさい。種蒔きもせず、刈り入れもせず、倉に納めることもしません。けれども、あなたがたの天の父がこれを養っていてくださるのです。あなたがたは、鳥よりも、もっとすぐれたものではありませんか。……きょうあっても、あすは炉に投げ込まれる野の草さえ、神はこれほどに装ってくださるのだから、ましてあなたがたに、よくしてくださらないわけがありましょうか。信仰の薄い人たち。そういうわけだから、何を食べるか、何を飲むか、何を着るか、などと言って心配するのはやめなさい。……あなたがたの天の父は、それがみなあなたがたに必要であることを知っておられます。……あすのための心配は無用です」（マタイの福音書六・二六～三四）
奥多摩に着いて間もなく、四月二十一日の誕生日に福音の家のオッケルト氏にもらった小冊子の表紙にもこの聖書のことばが書かれていた。梅田さんは、ああ、やっぱり神様からこのことばを語りかけられていると感じ、これを深く心に刻んだ。
この箇所は聖書の中でも非常に有名な聖句で、教会生活の長い梅田さんは幾度となくこのことばを聞き、その意味するところも頭では充分に理解していた。だが、それは頭だけの理解で本当に自分のものにはなっていなかったのだ、とこの時に悟った。女性が家族をもたずにひとりで生きていくことは今でも決して簡単なことではない。梅田さんの時代、地方においてはそれはなおさら厳しいことだっただろう。仕事をしていた頃も、この仕事を失ったらどうやって生きていこうという不安を常にどこかで感じていた。何かが起こったら、自分で何とかしなくては、といつも気を張っていた。信仰をもっていても、神様が助けてくださると信じているつもりではいても、実際にはすべてをゆだねて不安や恐れを全部払拭することはできていなかったのだ。

それが、いざ、想像もしなかったような未曽有の大災害に遭遇してみたらどうだろう。地震が起きたその瞬間から、力強い庇護者の保護下に入れられ、自分からは一度も何も頼まなかったのに守られ、運ばれ、与えられ、親の懐にいる幼子のような気持ちで今こうしてここにいる。

「神様の霊的な津波が押し寄せてきて、私の心の中にあった思い煩いという瓦礫を全部取っ払ってくださったんです」と梅田さんは語る。

あの聖書のことばは本当だった。それをこの身で体験した一年だった。何十年も前から知っていて、繰り返し聞いていた聖句の真理が、初めて本当に自分のものになった一年だった。それが、あの「生涯で最良の一年でした」に込められた意味だったのである。

梅田さんとは事情が違うが、同じように、弱さを抱えながら周囲のサポートによって危機をすり抜けて奥多摩に合流した人がもうひとりいる。佐藤綾子さん（五十三歳）である。佐藤さんは二十一歳の時に糖尿病になり、二〇〇一年からは糖尿性腎不全で人工透析を受けている。地震の日も、ちょうど午後二時から透析の予約が入っていたので本当ならその真っ最中か、あるいは病院に向かう途中、海沿いの道で被災していたかもしれなかったが、実際は出遅れていてまだ自宅（楢葉町）にいた時に地震が来た。

翌日、町の広報から避難命令が伝わってきたので、高校生の次男と一緒に体育館に避難したが、そこで足元の段差を見落として踏み外し、左足のくるぶしを骨折してしまった。もっとも、その時点では骨折とはわからず、インシュリンと一緒に持ち出した袋の中に入っていたシップを貼ってすませてしまった。糖尿病の影響で、佐藤さんは痛みの感じ方が普通の人よりも鈍く、幸か不幸か、それで過ごせてしまったのである。

それよりも、その時の差し迫った問題は透析だった。受けるはずだった透析を受けそこなって二日が経過した時点で、このままではまずいと思った佐藤さんは町役場の人に相談した。役場の人が、車でいわき市の病院まで連れていってくれることになったが、病院はごった返しており、透析に必要な大量の水も不足しているということで、いつもは四時間やる透析が三時間となり、万が一の時に備えて緊急時に服用する薬も渡されるという緊張感に満ちた手当てとなった。

その後、いわき市に住む友人が、持病もあり、夫にも先立たれている佐藤さんを心配して車で迎えに来て、佐藤さんと次男を自分の家に連れていってくれた。ところが、ほっとしたのもつかの間、テレビをつけると原発の水素爆発の様子が映し出されていた。原発から六十キロのいわき市も安心できる場所ではなくなっていた。

そこで、佐藤さんの携帯にも避難可能な場所として連絡が来ていた会津チャペルに、友人家族と一緒に向かうことにした。他の教会員たちが会津から米沢に移動する際、透析をどうしようかと考えている佐藤さんの携帯に、茨城に住む長男から連絡が入った。地震直後からずっとかけ続けていた電話が、今初めてつながったと、受話器の向こうで長男は泣いていた。

茨城で透析できる病院を予約した上で、長男が車で迎えに来てくれることになったので、佐藤さんはここでいったん教会のメンバーと別れ長男のアパートに身を寄せ、半月後、みんなが奥多摩福音の家に移った後に再合流した。その際、当時は見ず知らずだった地主の加藤さんが、透析できる病院ばかりか送迎車まで万全に手配しておいてくれたことは前述のとおりである。

佐藤さんの場合はこうして、友人、息子、加藤さんをはじめとする奥多摩の人々のサポートを得て、自分自身ではほとんど何をする暇もないほどにスムーズに透析を受けることができたが、あの地震では多くの透析患者が非常な苦労をしたらしいという話を後で聞いた。事実、二〇一一年四月二日の読売新聞は、避難所生活の透析患者二名が死亡したという記事を報じている。これは地震の約三週間後の記事なので、もっと落ち着いてから綿密な調査をすれば、これと同様のケースはもっとずっと多かったことと思われる。

また、佐藤さんの場合は実はもうひとつ、深刻な問題があった。地震翌日に「くじいた」まま一向に治る気配のなかった左足のくるぶしである。すっかり変色してしまった足は、奥多摩に落ち着いてからスポーツ整形外科で受診してようやく、骨折だったことがわかった。ところが、ギプスで固定して、通常の骨折の治療をしても、なぜか一向に治らない。青梅の総合病院に行ったが、そこでも原因がわからず、東京女子医大まで行ってやっと、それがシャルコー関節症という糖尿病に由来する難しい疾病だということがわかった。

放っておくと関節や骨が崩れていってしまう危険な症状だった。結局、佐藤さんは十一月に手術を受けてようやく治癒することができた。奥多摩福音の家での安定した環境の中に置かれたからこそ、いくつもの病院を回り、専門医に難しい病気を見つけ出してもらうことができ、その後の手術、回復期間も安心して過ごすことができたのではないだろうか。今でも足首の可動域には制限があるものの、ひとまず心配なし、という状態にまで治ったところで、佐藤さんもまた、奥多摩を後にし、みんなと一緒にいわきに向かうことになった。

新しい土地へ

奥多摩での感謝と別れのパーティーの翌日、福音の家の中庭は涙と握手と抱擁であふれていた。黙って涙を流している小学生の肩を抱きながら、慰めるように「寂しいよ」と言っていたオッケルト氏自身も、やがて涙をこらえきれなくなる。地主の加藤さんは、ひと家族にひとつず

二つ目の故郷となった奥多摩を後にする日、オッケルト氏に抱きしめられる佐藤牧師

つ、奥多摩町の写真が入ったカレンダーを渡した。「奥多摩町古里《こり》を第二の故郷として新たな生活の第一歩を踏み出してください。大熊町へ必ず帰れる日が来ます。あきらめることなく、信念をもって頑張ってください」というメッセージもつけた。

オッケルト氏をはじめとする福音の家のスタッフ一人ひとりや、すっかり親しい友人となった奥多摩の人々との別れは、それが特別な状況の中で育まれた強い結びつきであっただけに言いようもなく寂しいものであったが、福島第一聖書バプテスト教会の人々にとっては、別れはそれだけではなかった。

奥多摩からいわきに戻ることを決意した人々は約三十人。残りは、奥多摩に家を借り、仕事を見つけて残る人たち、他県の家族のもとに身を寄せる人たち、仕事の都合で別の土地に移っていく人たちである。震災による別離は、まだ終わっていなかった。

佐藤牧師の妻ちえ子さんにとっても、この時に別れた七十代後半の教会役員だった信徒との別れは、震災がもたらした最も辛い体験のひとつとなった。高校生の頃から約六十年も、福島第一聖書バプテスト教会で礼拝を守ってきた信徒だった。地上での生涯を終えるまでずっと一緒に礼拝できると信じて疑わなかったその人とこのようなかたちで別れることは、「寂しい」などということばで表しきれるものではなかった。

前日の礼拝、パーティー同様、奥多摩からいわきへの移動にもテレビの撮影が入り、車一台につきひとりのカメラマンが乗り込んだ。新築のアパートや他の入居先が準備され、教会堂の土地も購入された新しい土地に入っていく教会員たちの、期待と希望に輝く表情を撮りたいと狙ってのことだった。ところがその意に反して、いわきに向かう人々の顔に浮かんでいたのは、緊張と不安と疲れだった。

「帰る」といっても本当の故郷に帰るわけではない。住んだことのない土地で、家財道具も一から揃え直し、人間関係も新たに築いていかなければならない。いわき市全体の雰囲気としては、歓迎ムードではないという話も耳に入っていた。それには無理からぬ理由もあった。

当然のことながら、いわき市にも地震や津波による人的被害や、全壊した家、半壊した家がたくさんあったが、そのすべてが国からの補償を受けられるわけではない。原発事故の被害者には補償金が出るのに、津波で半壊した家には何も出ないことに、割り切れない思いをする人々も少なくなかった。自分たち自身が大きなダメージを受けているところに、先述のとおり、原発周辺の警戒区域となった町々から二万人以上の人々が流入し、その人たちのための仮設住宅が多数建てられている。いわき市の住民と警戒区域からの避難者たちの間に摩擦が生じるのも不思議なことではなかった。

そのような雰囲気の中に入っていく福島第一聖書バプテスト教会の一行も、それまでの「東京に避難してきた被災者」というある意味でいたわってもらえる立場から、「被災地の中の被災者」、それも有り体に言ってしまえば招かれざるよそ者としての第一歩を踏み出さなければならないのだ。荒海に漕ぎ出していくような気持ちになるのも無理はなかった。佐藤牧師は、いわきにたどり着いた時の気持ちを「本陣を失い、各地を転々とする疲れきった敗残兵のよう」だったと表現している。

しかし、荒海に漕ぎ出す以上、疲れた、悲しいとばかりは言っていられない。いわきに移ってから初めての日曜日は、いわき

いわきに移り、ゼロから教会を建て上げようとする福島第一聖書バプテスト教会の人々

市内の平キリスト福音教会の会堂を借り、時間をずらして礼拝をした。土地を購入したとはいえ、自分たちの会堂が建つことになっている場所はまだ更地だったからである。その後は、近所の結婚式場のホールを借りて礼拝したが、将司副牧師の妻涼子さんは、これがいい休養期間となったと振り返る。一時間ごとの賃貸料を払って借りているので、礼拝以外のイベントなどは一切できず、礼拝だけを捧げたらすぐに解散して帰っていく。新たな一歩を踏み出し、これからやるべきことが山積しているこの時期にはちょうどいいリハビリ期間となった。

五月には避難先の東京で亡くなった教会員の葬儀、六月には震災がきっかけで結婚することになった教会員の結婚式と、悲喜こもごもの営みを始めながら、いわきに移って約三か月後の六月二十五日、教会堂の起工式を執り行った。いよいよ、新しい拠り所をまた一から築き始めるのだ。

巣作り

佐藤牧師はその頃、自分たちは突然の大嵐によって巣を根こそぎ持っていかれてしまった鳥のようだと感じていた。そして、巣が壊れたなら、もう一度巣作りをするのは当然のことだ、と考えた。巣作りには、教会堂を建てるという大きな巣作りと、個々の会員の住む家を確保するという小さい巣作りの二種類があった。佐藤牧師はその両方の巣作りのために邁進した。

比留間博（七十八歳）・南海子（七十三歳）夫妻は、博さんが東京での小学校教諭の仕事を定年退職後、いわゆるIターンのようなかたちで福島に移り住み、富岡町夜ノ森に居を構えた。その時以来福島第一聖書バプテスト教会の会員となり、約十年が過ぎたところで東日本大震災に襲われた。

地震後、三春町の高校の体育館に避難し、そこで三晩過ごしたあと、四日目に東京在住の娘の夫が車で十時間かけて迎えに来てくれた。しばらく娘の家に身を寄せていたが、埼玉県東松山の農家に嫁いだ博さんの姪が、畑の管理を手伝いながら庭の離れに住まないかと声をかけてくれたため、畑の雑草と闘いながら一年以上東松山に住んでいた。しかし、日本一暑い市になったこともある熊谷市に隣接している東松山は夏の暑さが厳しい地域で、酷暑に辟易した夫妻は、新聞の広告で移住者を募集していた宮崎への移住を考え始めた。説明会にも行き、いよいよ具体的に動き始めようかという時に、佐藤牧師から電話が入った。いわきに、比留間さんにぴったりのログハウスが見つかったから、明日にでも見に来てくださいと言うのだ。

比留間夫妻は、佐藤牧師たちが奥多摩にいた間は日曜日ごとに東松山から高速道路を使い一時間半かけて福音の家に通い、一緒に礼拝を捧げていた。一行がいわきに移ってからは三時間かけていわきに行き、やはり一緒に礼拝を守ってきた。だが、九月に入ったある日曜日、「宮崎への移住を考えているので、さすがに一緒に礼拝はできなくなりますね」と言うと、ちえ子さんは「そんなこと言わないで、こちらに来てくださいよ」と答えた。「じゃあ、家を探してください」と返し、ちえ子さんも「わかりました。探します」と応じたのだが、比留間さんにしてみればそれは冗談交じりの軽口で、本気で頼んだわけではなかった。人口が急に増えたため、外部から流入してくる者は歓迎されないと聞いていたいわき市には住みたくないというのが本音だったのだ。

ところがその週の木曜日、佐藤牧師はどういうわけか朝五時に目を覚ますと、妙に張り切って「散歩に行こう」とちえ子さんを誘った。いつもの日課なら散歩は夕方だし、普通だったらちえ子さんも「まだ眠いから、もうちょっと寝させて」と言いそうなものだったが、その日はなぜか、仕方ない、行くか、という気になった。

夫婦は小高い丘にある住宅地のそばに車を止め、散歩し始めた。いわき市のビバリーヒルズとでも言いたくなるような高級住宅地で、一軒一軒の敷地が広く、建っている家もそれぞれ個性的で豪華である。その一角にあるすばらしいログハウスの前に、売り物件の看板が出ていた。

そのログハウスは、比留間さんが富岡町に持っていた以前の家に、何となく雰囲気が似ていた。佐藤牧師は、これだ、と思った。

いわき市で巣作りを始めた佐藤牧師にはひとつの願いがあった。それは、故郷の家を失った教会員に新たな住居を紹介する時、「この際だから、選り好みしている余裕はない。住めさえすればいいだろう」というような紹介のしかたはしたくないということだった。

聖書の中にヨブ記という書があるが、その物語の主人公ヨブは自分の子どもたちと全財産を失うという大きな災難に遭う。苦難がテーマの物語だが、その結末で、神はヨブにまた十人の子を与え、失った所有物の二倍にあたる財産を与えた。もちろん、後から生まれた子どもたちは先に失った子どもたちの代わりになるわけではないし、それで悲しみや痛みが消えるわけではない。帰らぬ子どもたちを思う悲しみは抱きしめたまま、それでも神からの二倍の祝福を受けたヨブのように、故郷を失った教会員たちにも、故郷を恋しく思う気持ちが消えるわけではないが、ここでも大きな祝福を受けたと言ってもらえるような巣作りをしたいというのが、佐藤牧師の願いだったのだ。

比留間さんは故郷に、自分の好みに合わせて建てたすばらしい家を持っていた。その家を取り返すことはできないが、「これもまた一興」と言える家に住んでほしいと思っていた佐藤牧師は、散歩の途中に出くわしたログハウスを見てその手応えを感じたのだった。不動産屋に問い合わせると、売り物件の看板を出したばかりのそのログハウスは、すぐにでも売れてしまいそうな雰囲気だった。そこで「明日、見に来てください」という比留間さんへの性急な電話になったのである。

電話を受けた比留間さんは、何と、その家を見ることもしないで、その場で「わかりました。じゃあ、それを買います」と答えた。そこには佐藤牧師への絶大な信頼もあったが、即答したのには、実はもっと深い理由があった。

地震の三日後の日曜日、比留間夫妻は避難先の娘の家からいちばん近い教会に行った。その日に開かれた聖書の箇所は創世記一二章で、イスラエル民族の父祖であるアブラハムが、生まれ故郷を出て、神の示す地に行くように命じられている場面だった。そうすれば大きな祝福を与えるという神の約束を信じてアブラハムが旅に出たのは七十五歳の時である。実は三月十一日は比留間さんの誕生日で、地震のあったあの日、比留間さんもちょうど、アブラハムと同じ七十五歳になっていた。故郷を追われて三日目に、奇しくもアブラハムと同じ年齢で故郷を追われた先で聞いたこの日のメッセージは、特別な意味をもつものとして比留間さんの心に深く刻まれていた。

妻と二人、宮崎にでも移ってのんびり暮らそうかと思っていたが、いわき市に会堂を建て、教会がこれからいろいろ大変な時期に「おまえはここに来て、わたしのために働け。逃げるな」と神様に首根っこをつかまれたと思うと同時に、地震の三日後に、「わたしの言う所に行け。わたしはそこでおまえを祝福する」ということばを受け取っていたのはこの時のためだったのかと思い至った。だから、「わかりました。その家を買います」という答えは、佐藤牧師に対してというより、神に対しての答えだったのかもしれない。

佐藤牧師の電話から三日後の日曜日、

一目見たとたん、佐藤牧師が「比留間さんの家だ」と直感したログハウス

比留間さんがいわきに行った時には、いわき在住の教会員はもうすでにみんな、その「比留間さんの家」を見学済みで、「大変結構」というお墨付きになっていた。ドアを開けると、広々とした玄関の上は吹き抜けになっている。前に住んでいた人の趣味で、スピーカーが六つもついている視聴覚室まであり、教会のいろいろな集会のためにも活用できそうだった。

比留間さんはこのすばらしい家を、自分たち夫婦だけの喜びにする気は毛頭なかった。新しい教会は、日本中・世界中の数えきれない人々からの献金をいただいて建てる教会だから、きっとたくさんのお客さんを迎えることになるだろう。だからここを教会のゲストハウスにしようと思った。

比留間さんが「教会の迎賓館」と呼ぶこの大きな家の庭には、アメリカの家についているポーチのような広いテラスがあり、庭の前には視界のずっと先まで雑木林が続いてすばらしい借景となっている。外部の人のみならず、教会員もしょっちゅうこの家を訪れては、その庭でバーベキューをしたり、クリスマス会やＤＶＤ鑑賞会を催しているという。

外部の人々に対してはゲストハウス、教会員に対してはレストハウスの役割を果たす家の主人となった比留間さんは「この地は、佐藤先生を通して神様が『来なさい』と呼んでくださった地です。そこに行けば祝福する、と言われて実際そのとおりになった。生涯の中でこんないい家に住んだことはありません」と語った。

翼の教会

佐藤牧師はこれまでに四つの会堂建設に携わってきた。思いがけず五つ目の会堂をいわき市に建てることになったのだが、当然のことながら、これは今までの会堂建設とはいろいろな意味でずいぶん勝手が違った。まず業者を選ぶにしても、今までのように図面を引いて入札をして、という手順を踏んでいる余裕はなかったので、英語学校を経営していた教会員が学校の建設の時にお世話になった建築士を紹介してもらった。結果的にはこれが大変いい出会いとなり、後に献堂式の折には感謝状を贈呈するほどのすばらしい仕事をしてもらえた。

また、これは一般的な常識からいうと驚くべきことだが、福島第一聖書バプテスト教会はそれまでの四つの会堂建設の時には借金をせず、積み立てられた手持ちの金額で会堂を建ててきた。しかし、今回ばかりはさすがにそうはいかなかった。佐藤牧師は「自転車操業のようでした」と語るが、いつも必要な額が必要な期限までに、多くも少なくもなく集まってきて支払える、ということを繰り返しながら会堂建築は進んでいった。

そしてそれまでの会堂建設といちばん大きく違った点は、教会建築委員会のようなものを立ち上げてみんなで時間をかけて作り上げていくということができなかった点である。教会員が全国に四散してしまっているのだから、これぱかりはどうしようもなかった。一部の教会員だけに声をかけるわけにもいかないし、時間的な制約もあった。壊れた巣はできる限り早く作り直さなければいけない。やむを得ず、牧師夫妻、副牧師夫妻が中心となって建築士と相談を重ね、会堂の青写真を作っていった。

この五つ目の会堂にはたくさんの願いと配慮が満ちている。まず、その外観は左右に翼を伸ばした鳥の形をしており、頭はま

帰れない故郷に憧れ、大熊町に向かって建てられた会堂。
同時に、天の故郷に向かって飛び立とうとしている鳥のようにも見える

っすぐ故郷の大熊町の方角を向いている。この大きな鳥の翼に乗って、故郷に飛んで帰りたいという願いが込められているのと同時に、旧約聖書の詩篇一七篇八節にある「私を、ひとみのように見守り、御翼の陰に私をかくまってください」ということばや、イザヤ書四〇章三一節の「主を待ち望む者は新しく力を得、鷲のように翼をかって上ることができる。走ってもたゆまず、歩いても疲れない」ということばに「アーメン」(「そのとおりです」の意)という信仰も込めた。

内部には、礼拝室、牧師室、副牧師室、集会室のほかに、風呂、台所、洗濯機を備えた宿泊室がある。これは、全国に散った会員たちがいつでも泊まりがけで帰ってこられるためのものだ。部屋の中には、比留間夫妻が描いた故郷の絵が飾ってある。

地域に対して開かれた教会になりたいという願いから、塀は大人の膝くらいまでの高さにして門は作らなかった。中で何をしているのか、いつでも見に来てください、どなたでも歓迎です、という気持ちの表れである。

こうして二〇一三年五月十一日、福島第一聖書バプテスト教会は、いわき市にて五つ目の会堂の献堂式(一般的なことばで言うと竣工式に当たるもので、キリスト教界では会堂を神に献

会堂内部。十字架の下の窓の向こうが洗礼槽になっている

げるという意味で献堂式と言う）を執り行った。四百名を超える出席者が全国から駆けつけ、その中には会津チャペルの三留謙一牧師、米沢チャペルの千田次郎牧師、沖縄の白い家フェローシップチャーチの伊藤嘉子牧師の顔もあった。ドイツに一時帰国中だったオッケルト氏はビデオレターを寄せてくれた。

佐藤牧師は、この献堂式の場にいない何百人、何千人、もしかしたら何万人もの支援者に思いを馳せていた。佐藤牧師が率いるこの群れの流浪の旅のために祈り、献金し、応援してくれた人々は、おそらく直接会ったことは一度もない人のほうが圧倒的に多いのだろう。献堂式では、次のような「献堂の辞」が列席者一同によって読み上げられた。

「神は東日本大震災を通し、私たちの心に会堂建設の志を与え、この土地に、翼の形をした復興祈念教会を建てるよう導かれました。一体これまで、国内外からどれほどの祈りと支援があったことでしょう。そしてその背後に、いつも大きく温かな、神の御手がありました。ですから私たちは今日、涙を拭いて前を向き、心震わせながら、この泉のチャペルを、ここまで旅を導かれた主なる神にお献げします。アーメン」

第4章

＊

失ったものと得たもの

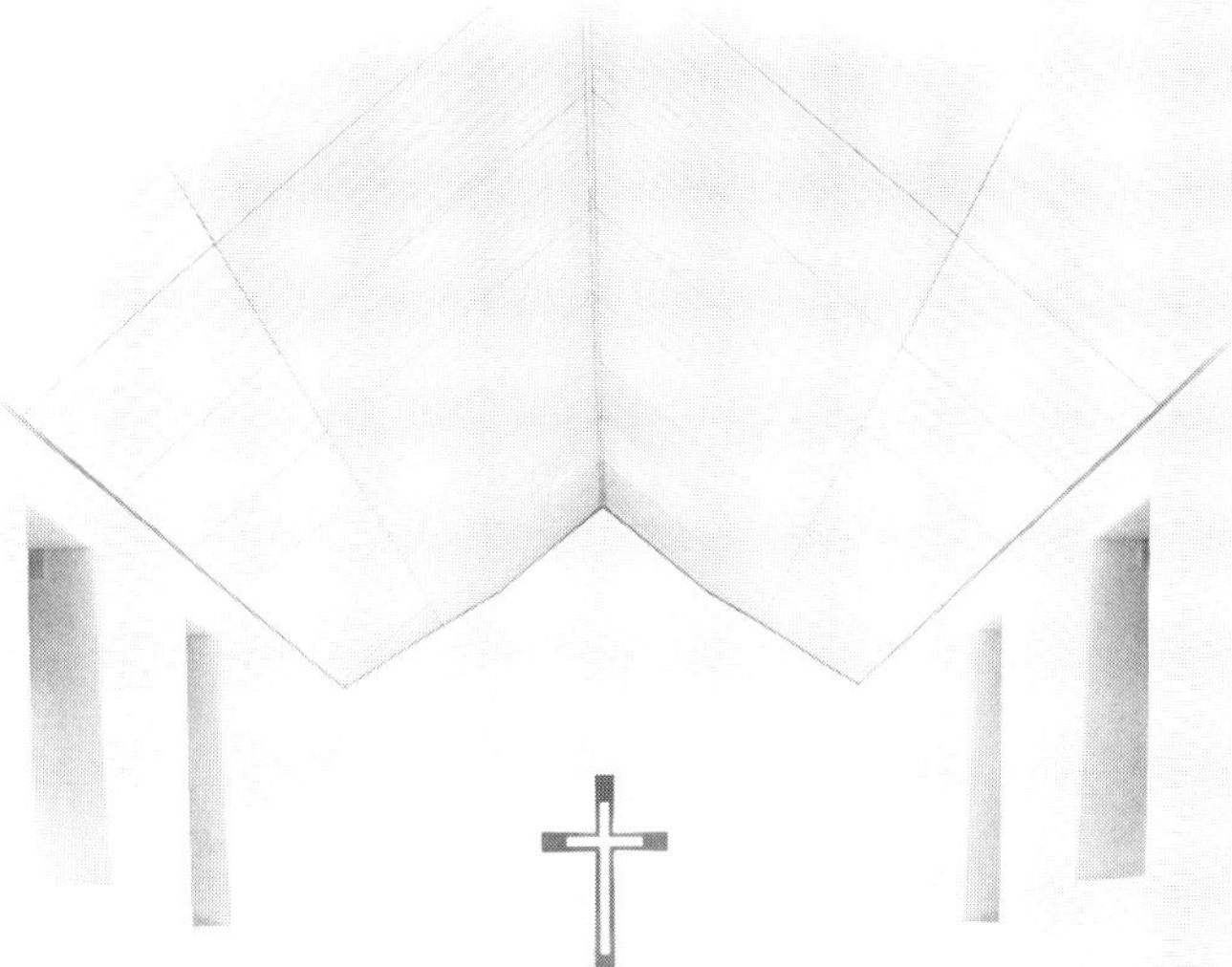

教会とは、そこに集う人々のこと

着の身着のままで故郷を追われ、明日をも知れぬ会員たちが全国に四散してしまった教会が、地震からたった二年で、こんなに立派な美しい会堂を建て上げたというのは、当初誰にも予想できなかった奇跡のような出来事ではある。しかし、これで万事めでたしめでたしというわけにはいかなかった。

青柳めぐみさん（一章14ページ参照）は、奥多摩からいわきに移ってくる時には「よし、また教会の奉仕を始めよう」と張り切っていた思いが、実際にいわきで生活を始めた頃から何とも言えない脱力感に変わっていくのを感じていた。ホッとして疲れが出た部分もあるのかもしれないし、いわきに会堂を建てるからといって、教会が元どおりになるわけではないということを悟ってしまったのかもしれない。

聖書の中には、クリスチャンたちを「キリストのからだ」と表現している箇所が幾つかある。例えば、「あなたがたはキリストのからだであって、ひとりひとりは各器官なのです」（コリント人への手紙第一、一二章二七節）、「こうして、キリストご自身が、ある人を使徒、ある人を預言者、ある人を伝道者、ある人を牧師また教師として、お立てになったのです。それは、聖徒たちを整えて奉仕の働きをさせ、キリストのからだを建て上げるためであり……」（エペソ人への手紙四章一一～一二節）といった箇所で、これは、一人ひとり特性の違うクリスチャンたちが、それぞれに違う役割を果たし、それぞれに違う味わいを出しながら作りあげていく教会こそキリストのからだである、というような意味だ。つまり、会堂や場所が教会なのではなく、そこに集まる一人ひとりの集合体が教会だ、という考え方になる。

翼の教会が建てられた二〇一三年に放送されたNHK大河ドラマ「八重の桜」には、ひとつのはっきりとしたメッセージが込められていた。八重の前夫・川崎尚之助に「私は、国とはそこに住む人のことだと思っています」と語らせたり、新島襄に「国とはpeople、人々のことです。国を愛することとは、自分を愛するように目の前にいる他者を愛することです」と語らせているように、共同体とは結局のところ人なのだ、というメッセージである。教会にもおそらく、これに当てはまる部分が大きい。あの人がいて、この人もいて、みんながそろっていて福島第一聖書バプテスト教会だった。だから、新たに始める教会は、以前とまったく同じ「からだ」ではあり得ない。何とも言えない寂しさだった。

建築が進み、どんどん形を現してくる教会堂も、最初は少し寂しさととまどいを覚えながら見守っていた。これまでのチャペルのように建築のための度重なる話し合いに参加することもできなかったため、これが自分の教会だという実感がなかなかもてずにいたのである。ともすれば自分のことをお客様みたいだと感じてしまいそうだった。

気持ちを切り替えることができたのは、「ここにチャペルが建ったのは、支援してくださった日本中・世界中の方々のおかげ。これは私たちだけの教会ではなく、支えてくださったみなさんの教会なんだ」と捉え直すことができた時だった。そう思うと、地域性も違ういわき市で大熊町にいた時と同じことはできないのではと迷う気持ちも吹っ切れて、以前と同じような子どものための集会を開いてみた。すると、やっぱり自分は教会でこういう働きをしたいのだという強い思いを確認できて、大熊町で開いていたこひつじクラスという幼児教室を再開したいと願うようになった。

献堂式から一か月あまりが過ぎた六月中旬、インタビューの中で筆者は将司副牧師にこれからの抱負を尋ねた。すると一瞬、困ったような顔をして将司副牧師は「今もまだ、悩んでいる部分があるんですよね」と割り切れない思いを吐露し始めた。こうなってしまったのだから、離ればなれになってしまった人たちのことは仕方がない、ここで新しくやっていくしかない、という考え方が合理的であることはわかる。自分でも、この地に導かれた以上、この地で教会を建てあげていく意味があると思うし、その目的を果たしていきたいと思ってはいる。その一方でやはり、全国に散ってしまった教会員たちがそれぞれの場所で根づき、その地の教会にしっかりとつながってくれることを確認するまでは、どうしてもその一人ひとりのことが心から離れないのだと語るうちに、将司副牧師の声は途切れ、微笑みながらボロボロ涙をこぼしている。立派な会堂が建って意気揚々というより、遠く離れてしまった人たちのことが気がかりで、寂しい思いをさせているのではないかと切なくて泣くその姿は、聖書の中の、迷子になった一匹の羊を探し歩く羊飼いのたとえを思い起こさせた。

佐藤牧師も、今頃になって効いてくるボディブローのような痛みを感じていた。震災とその直後は、「何も考えずに道をぶらーっと歩いていたら、突然ドーン！　と音がして真っ暗になって、気がついたら倒れていて、確かめたら足が片方なくて、手にも指が三本しか残っていなくて、嘘だろう、と言いながら夢中で散らばった足や指を拾ってくっつけようとしていたようなもの」だったという。それが今は、包帯が巻かれ、シップが貼られ、手当てがされた体を見ながら、ああ、こんなふうになってしまったのかと認識し、すればするほど悲しくなる状態である。

物騒なたとえのようだが、先述のように、「教会はキリストのからだ。教会員一人ひとりはその器官」だということを、あまりにも辛いかたちで実感することになった佐藤牧師の率直な感想である。大事な教会の大事なからだが引き裂かれ、あちらこちらがちぎれたりもげたりして、一生懸命くっつけたけれども、まだ欠けている部分がたくさんある。それが、いわきに会堂を建てた今の状態だった。二時間以上先のことは考えないようにして突っ走るしかなかった時期を走り抜け、ようやく人心地ついたところで、ああ、こんなに傷ついていたんだと改めて気づき、じんわりと深い痛みを感じていた。ちえ子さんもまた、大熊町のあの場所で、あのメンバーで、あの雰囲気で、毎週当たり前のように捧げていた礼拝が二度と再現できないものなのだと思うと深い暗い穴の底へ沈み込んでいくような気持ちがするという。

失ったものと得たものと

その一方で、いわきに会堂が建つと聞いて避難先から帰ってくる教会員たちもいたし、その中には失った悲しみに負けないくらい大きな喜びを得て戻ってくる人もいた。小山睦さん（四十五歳）がそのひとりである。

小山さんの人生は、今回の震災に遭う前から波乱万丈だった。大学四年の時、仲のよかった姉が交通事故の後遺症で病気になり、闘病生活の果てに亡くなった。家族を失う悲しみについていろいろ考える中で、教育の勉強をしたいという気持ちが生まれ、アメリカに留学した。ところがその八年後、今度は母がやはり交通事故の被害者となって亡くなった。「神様はどうして自分にこういう道を歩ませるのだろう。その理由はわからないけれども、誰か、同じような思いをしている人がいるなら『わかるよ』と言って寄り添いたい」と思っているところに、アメリカの友人が「最後だとわかっていたなら」という一篇の詩をメールで送ってきてくれた。かけがえのない息子をわずか十歳という年齢で亡くした母親が書いた詩で、大切な人との毎日がいつ最後になっても後悔しないように、「ありがとう」や「ごめんね」や「愛している」という大切なことばをちゃんと伝えるようにしよう、という内容だった。

小山さんは、自分の胸に深く響いたこの詩を訳し、著作権管理者の許可を得てブログに載せた。すると思いがけないほどの反響があり、二〇〇七年には写真付きの詩集として出版された。

小山さんは帰国後、教会の中で英語教室を開き、後に独立した。父が、全部自由に使っていいと言ってくれた母の保険金を活用して三百坪の土地に百坪の校舎を建て、生徒は百三十人、フルタイムの従業員がふたりいる株式会社にまで発展した。英語を教える学校ではあったが、小山さんが目指したのは全人教育で、その土台には聖書を据えた。思春期の子の悩みや、いじめ、不登校、自律神経失調などの問題にも寄り添い、相談に乗っていた。教会の中で三年、独立してから七年、その働きにやりがいと手応えを感じていたが、ちょうど十年目にあの地震が来た。

差し向けられたバスに乗って避難所に向かった小山さんだったが、当分自宅に帰れそうにないということがわかると、迎えに来てくれた父の車で検問をかいくぐるようにして自宅に戻り、二匹のビーグル犬を連れ出した。その後、いったんは東京のいとこの家に身を寄せたが、中型犬二匹と一緒に暮らせるアパートを探し歩き、特例として許可してくれた唯一の物件を見つけたのが茨城県取手市だった。ここで大手の英語塾の講師をして暮らすうちに、小山さんは、後に生涯の伴侶となる人と出会い、交際を始めた。彼は小山さんの信仰に共鳴し、自らも信仰をもって洗礼を受け、その後二人は婚約する。

小山さんは姉・母を失うという大きな悲しみの後に、その痛みさえが糧となるやりがいのある仕事を故郷にもっていた。ところが、環境も整えられ、軌道に乗っていたその仕事を、生徒を、校舎を、家を、全部失ってしまった時、小山さんはアイデンティティーを奪われ、自分が何者でもなくなってしまったかのような苦しみに襲われた。「あんなに祝福してくださっていたのに、なぜ突然、すべて取り上げられるのですか」と祈りながら、眠れない夜を重ねた。

　だが、そのような苦悩をそのままストレートに神にぶつけていくうちに、次第に、自分が持っていたもののうち、自分自身で苦労して手に入れたものは何もなかったと思い至るようになる。土地や建物は全部、母の保険金を使わせてもらったものだったし、スタッフは教会の中で活動していた時のスタッフがそのまま働いてくれていた。自分が一生懸命頑張っているつもりだったが、振り返れば全部、神様から与えられていたものだったと気づくと、それをまた神様に「ちょっと預からせてもらうよ」と言われたとしても、何も文句は言えないと思うようになった。

　そんな小山さんだったが、今でも辛くて思い出すと涙が出てきてしまうのは、やはり生徒のことだった。生徒たちからは「みんなに会いたい」「帰りたい」というメールが来るが、「祈っているよ」と答えるほか、何もしてあげられない。「先生の英語学校以外には通わない」と言われると、嬉しい半面、戻れない過去をあまり引きずらせてもいけないのではないかと悩み、アフターケアもほどほどにしたほうがいいのかと迷い、それがまた悲しい。将司副牧師と同じ涙を小山さんも流していた。

　佐藤牧師たちが奥多摩からいわきに戻ると、小山さんと婚約者は取手市から二時間かけていわきに通い一緒に礼拝を捧げていたが、やがて二人でいわき市に引っ越してきて、二〇一三年三月、まだ半分工事中のような未完成の新会堂で結婚式を挙げた。これからはふたりでこの教会に仕えていこうと話し合っている小山さんは、「前よりもっとすばらしいものを与えられた」と信じている。

英語学校の子どもたちとの出会いはかけがえのない宝だった。悩みや悲しみにじっくり付き合う中で、たくさんの希望ももらったし、愛ももらった。「だから、ゼロじゃない。ここからまた始めます」と、インタビューの最後は明るい笑顔になった。

小山さんだけではなく、福島第一聖書バプテスト教会員の大半が、自宅を失った。持立さん（一章24ページ参照）は今、教会が建てたアパート、エル・シャロームに住んでいる。自宅は大熊町の教会のすぐそばにあり、帰還困難区域に当たる。それでも、二〇一三年の四月くらいから月に一度のペースで帰ることが許可されるようになり、持立さんも毎月のように帰っている。もう、持ち出したいものがあるわけでもないし、帰ってみたところでどうなるものでもない。むしろ、行くたびに雑草に埋めつくされ、ネズミに柱をかじられて廃墟となっていく我が家を見ては落ち込むだけなのだが、それでも行かずにはいられない。この家に住むことは二度とないだろうとわかっていて、それでいいかな、とも思っている。十二年前に夫を亡くしてからはひとり暮らしをしてきて、年齢とともに家の修理や庭の手入れが負担になり始めてもいた。今はそういった心配から解放された気さえしている。しかしそれでも、長年そこで暮らし、子どもたちを育て、巣立たせた家に対する思いには断ち切れないものがあるのだった。

持立さんの場合は――そして多分、これは他の多くの教会員にも共通することだと思うのだが――聖書が教えるとおり、この世にあっては自分は旅人だ、という概念が根底にある。つまり、この世での生涯を終えてから神に永遠の命をいただいて天の御国でとこしえに暮らすことを考えれば、この世の暮らしはまるで旅のようなものだ、ということである。本当の故郷は天にあり、そこへは、この世で蓄えたものを何も持って帰ることはできないのだから、今、生活できればそれでいい。究極的にはそのように割り切ることができるので、逆に安心して大熊町の自宅を惜しむ気持ちに身をゆだねられる。それに溺れたり、からめとられたりする心配がないので、悲しい、寂しい、切ない、という自然の情を感じることを自分に許すことができるのだ。

「行ったって、その辺を掃いてゴミをかき集めて袋に入れてくるくらいのことしかできないんですけどね」と言う持立さんに、「それでもやっぱり、ゴミをまとめたりしちゃうものですか」と問いかけると、「しちゃうもんですよ。それは、やっぱりね」と、さばさばとした笑顔で答えてくださった。

原発が生んだ亀裂

福島第一聖書バプテスト教会の人々が、あるいはまた小山さんの英語学校の生徒たちがここまで散り散りになってしまったのは、言うまでもなく地震という天災のせいだけではなかった。災害が地震と津波だけだったなら、双葉郡に住んでいた人々は、今も元の場所か、少なくともその周辺に住んでいたことだろう。中村さんの犬、クロとゴエモンや、そのほかたくさんのペットや家畜が飢え死にすることもなかったはずだ。子どもたちは何の前触れもなく母校を失わなくてすんだし、家族と離ればなれにならないですんだ人も大勢いただろう。

地震から二年が過ぎても三年が過ぎても、いや、十年あるいはそれ以上の年月が過ぎても大熊町の人々が故郷に帰れないのは原発の事故による放射能漏れのせいである。だが、その原発は、今回の事故が起こるまでは大熊町の中で決して悪者だったわけでも危険視されていたわけでもない。

一九四三年から大熊町に住んでいる佐々木智子さん（一章22ページ参照）は、一九六七年に原発が来て以来、町が一変したことをよく覚えている。家々の藁ぶき屋根は瓦屋根に変わり、道路は舗装された。役場は大学のように立派な建物になり、保健センターでも何でも、公共施設はみなすばらしいものができた。冬になると出稼ぎに行っていた男の人たちもみな、故郷に働き場所を得て、出稼ぎに行かなくてもよくなった。大熊町は原発と共に発展してきた町だったし、公務員以外の大半の人は、原発もしくは原発関連の産業で生計を立ててきたと言ってもいいほどである。福島第一聖書バプテスト教会の中にも原発職員は大勢いる。

仲田敬二さん（六十二歳）は東京電力の職員として四十年間ずっと原子力を専門にやってきた。東京電力は民間企業として原子力を扱ったおそらく最初の企業で、福島第一原子力発電所はアメリカから入ってきた初めてのプラントだった。右も左もわからないことばかりで、英語の書類を読みながら手探りで、それでもパイオニアとしての誇りと、この仕事で地域に貢献し、社会に貢献していくのだという自負を抱いて、仲田さんは働いてきた。原子力の平和利用に誇りと喜びを感じていたので、自分のなすべき仕事をなし終えたことに満足し、すがすがしい気持ちで現役を退いていた。

津波による事故は、だから青天の霹靂だった。このような事故が起こるとは、本当にまったく考えたこともなかった。だが、現実に起こってしまったこの日から、大熊町にとっての東京電力という会社の立場は一変したのだった。

地震の時は退職から二年半が過ぎていたが、事故直後、会社からの要請に、躊躇することなく現場に向かった。コンピュータが壊れて使えなかったので、すべて手書きでやる作業は四十年前に遡ったようだった。

一刻も早く事態を収束させなければとあせるのと同時に、自責の念に苛まれていた。平和利用のために制御し管理していると思っていた原子力が、今、コントロール不能の状態で暴走し、双葉郡の人たちを故郷から追い立て、教会のみんなもぼろぼろになりながら逃げ場を探してさまよい歩いている。自分が東電の社員だということで、家族まで責められたり肩身の狭い思いをしているのではないかということも心配でならず、辛かった。

原子力を手中に収めたつもりでいたことが高慢だったのだとほぞを噛みながら、仲田さんは懸命に事後処理に当たった。最初の二～三か月は極度の緊張と疲労から帯状疱疹になり、過呼吸に陥って救急車で運ばれたこともあった。それでも薬を飲みながらすぐに現場に戻っていった。

気持ちを少し立て直すことができたのは、避難区域外にある教会の早天祈祷会に立ち寄るようになってからだ。そこで悔い改めの祈りをし、牧師に手を置いて祈ってもらってから現場に向かう毎日の中で前向きな気持ちに変えられていき、あの極限を乗り切ることができたのだと思っている。

仲田さんをはじめ、多くの東電社員の方々があの事故の直後にかいくぐってきたのは、今の日本にそれほどの極限状態がほかにあるだろうかというほどの極限状態であったに違いない。

ある人の仕事は一日一分で終わってしまったという。それは、そこに一分いるだけで一日の被曝許容量に達してしまうようなところで働いていたからだ。会社を辞めようと思ったが、自分が辞めれば別の人が自分の浴びるはずだった放射能を浴びるのだと考え、泣きながら祈り、決死の覚悟で現場に戻った人もいた。家族も泣きながら送り出した。

そういう思いをしながら働いていても、東電社員とその家族に対する風当たりは極めて強かった。避難先でも、子どもたちは父親が東電社員だということを口外しないように口止めをされる。佐藤牧師がいわき市でアパートや貸家を探して歩いた際も、東電社員には家を貸さないと明言する不動産屋もいた。

やはり東電ＯＢの下田清治さん（七十二歳）は、奥多摩福音の家にいる時に、慰問に来た外部の人に、「東電がいちばん悪い」と言われたことが何回かある。言った人は、下田さんが東電ＯＢだということは知らない。慰めるつもりもあって言ったことだろう。下田さんも何も言い返しはしなかった。ただ、心の中では、不安と戦い緊張に耐えながら命がけで作業をしている後輩たちを励ますようなことを言ってもらいたいという気持ちを抱かずにはいられなかった。

原発の事故は、原発の町の人々の間に大きな深い亀裂を生んだ。そして残念ながら、教会の中もその例外ではあり得なかった。教会に大きな迷惑をかけたという負い目を感じて帰ってこれない東電社員の教会員もいる。失ったもののあまりの大きさに、こうなったのは原発のせいだという思いを抑えられない人もいる。ふたつや三つに分けられないほどさまざまな考え方、感じ方があり、それが福島第一聖書バプテスト教会という散り散りになった群れをさらに分裂させるかのように大きな影を落としている。

そのあらゆる立場の人からの話を聞く牧師・副牧師は、多くを語ることもできずにじっと痛みに耐えている。どの考えはもっともで、どの考えは間違っているとジャッジしてまわって解決するような問題ではない。それぞれの心に神が語りかけ、傷を癒やしてくださるのを祈りながら待つしかないのだ。

仲田さんは、物静かで理知的な印象の方で、小さな声で淡々と当時のことを説明してくださったが、教会の人たちが逃げ惑っていることを思うとそれまで誇りに感じていた仕事への信念が揺らいだというくだりになると、ふいに絶句し、瞬く間に目が真っ赤になった。長い沈黙のあとに絞り出された声は、涙に震え、かすれていた。

下田さんは、ほがらかでいつも笑っているような方で、面と向かって東電が悪いと言われたというエピソードも、何の悲壮感もなく、恨みがましくもなく、さらりと話してくださった。その調子は、インタビューの最初から最後まで変わることはなかった。それだけに、ＩＣレコーダーを止めたあと、ほんのちょっとトーンを落として「事故が早く収束しますように、というのが、今、毎朝のいちばんの祈りになっています」と言われたひと言が、筆者の心に深く残っている。

原子力と人間

原発を巡る思いはさまざまでも、今度の事故で家族の思い出が詰まった自宅や町そのもの、一緒に暮らしてきた動物を失った人々が感じた思いには共通するものがある。こうなってみてつくづく思うのは、原子力というのは人間の手には負えないものなのだという実感である。

これまでは、コントロールできるものなのだと信じてきた。けれども、そうではなかったとわかった時には、故郷は破壊され、そこにあった生活は一夜にして二度と元には戻らないものになった。子どもたちの中には、さよならも言わないまま別れてそれきり会えない友達を思って、夜、布団の中でひそかに泣いている子もいる。突然、転校を余儀なくされて、知らない町の知らない学校の教室で授業を受けている時、どうして自分は今ここにいるんだろうと思うと涙が出てきたという子もいる。離ればなれになる必要などなかったはずの家族が、教会員が、引き裂かれて全国に散っている。

それだけでも充分むごいことだが、放射能が奪うのは、今の時代の今の生活だけではない。後の子孫にまで背負わせていかなければならないものがある。手に負えるものではなかった。もう、これ以上手を出してはいけない。それが、今回お話を伺った方たちから異口同音に聞こえてきた声だった。

日本国内に十七箇所四十八基ある原子力発電所は、第一原発の事故後、ストレステストを受けることになり、一時的な稼働は別として、二〇一三年九月なかば以降、全基が稼働を停止した。二〇一四年は震災後初めて、原発稼働ゼロでの夏を乗り越えたが、政府は再稼働を認めた自治体への「電源立地地域対策交付金」を増やし、停止したままの自治体への交付は減らす方針を固め、再稼働同意への圧力をかけていく姿勢を見せている。

街全体を根こそぎ押し流していく東日本大震災のあの津波の映像を見た上で、あれに耐え得る建物を人間が建てられるということを、何の不安もなく信じられる人が果たしているのだろうか。どんな地震が来ようとも、どんな津波が来ようとも、どんな思いがけないテロ攻撃を受けようとも、あるいはたとえ大きな隕石の落下に直撃されようとも何の問題もないという原子力発電所でない限り、「その時」が来たら取り返しのつかないことになる。すでにその体験をしてしまった人々の声に、動物たちの声に、そして、汚染された大地の声に、もっと真摯に耳を傾けるべき時なのではないだろうか。

新たな芽吹き

二〇一四年十二月二十三日、筆者は、献堂式から一年七か月が経過した翼の教会を再び訪ねた。この日、会堂では、地元のピアノ教室の発表会が行われていた。こうしたことはこの教会にとって珍しいことではなく、希望があれば、中学校の合唱部の練習やギター教室の発表会などに、諸経費の実費程度の金額で貸し出すのだという。

二〇一二年に奥多摩から約三十人の教会員が、このいわき市に移ってきた。会堂がそこに建つならと、翌年に約十人、その次の年にもさらに十人ほどの会員が、避難先からいわき市に移住してきた。佐藤牧師はこの事実をこう捉えている。

「私たちは、いわば集団移民してきた民なんです。全然知らない地域に住まわせてもらうのであって、そんな自分たちがここで生きる道はひとつしかない。それはこの地域のクリスチャンではない方たちに『ここに教会ができて本当によかった』と言ってもらうことなんです。それが教会のコンセプトになりました」。また、震災以降、クリスチャンではない方たちにもどれだけ助けてもらったかわからない。だから、新しく建つ教会はクリスチャンだけのものにはしない、という思いもあった。

会堂の貸し出しもその一環だった。その

教会で行われた無料コンサートには、地域の人々も大勢つめかけた

ほかに、会員たちがほぼ無料の奉仕で地域の子どもたちに英語や算数、数学を教える教室を開いたり、ピアノやバイオリンを教えたり、幼児教室や子ども集会をやったり、週に一度は教会のホールをカフェに仕立てて近所の人々に開放したりしている。二〇一三年から二〇一四年にかけては、外部からのゲストを招いての無料コンサートも二十回開き、会堂が近隣の来訪者を歓迎する場所であることを示した。

こうしてみるとずいぶん盛りだくさんのプログラムで頑張っているようだが、実は、佐藤牧師や将司副牧師は疲れているはずの教会員たちを気遣って、無理をさせず、自然体で教会にかかわってもらうことを心が

けていた。震災前の教会では、礼拝後に出す食事を作る当番も、会堂の掃除当番も、礼拝のための お花を活ける当番も奏楽当番もシフトがきちんと組まれており、何か集会を開いたり活動をする時には会議を開いて、役割分担をちゃんと割り振ってから事を進めていた。

いわきに会堂を建ててからは、そこに戻ってきた会員数は元の半分にも満たず、それぞれにさまざまな疲れや生活の負担もある。だったら、礼拝後に食事が出なくてもいい、花が活けられていなくてもいい、奏楽もなくていい、雨風がしのげて、聖書のことばを語れればそれでいい、と佐藤牧師は思った。あとは、できる人ができることをすれば充分だという気持ちで始めてみたら、結果的には、「それじゃ、私が花を活けてみてもいいですか」「食事当番をやってみてもいいですか」というように名のり出てくれる人たちがいて、前と同じ営みが可能になっている。

大熊町にいた頃には毎週九時から始まっていた教会学校だけは、前と同じようには続けられなくなった。というのも、いわきに移ってきた当初はまだ会堂もなく、結婚式場を一時間単位で借りていたので、大人の礼拝をもつので精一杯だった。その代わりに、教会員の家やアパートの一室で子どものための集会を開き、ゲームなどをして楽しい時間をもたせたり、心理面をケアしたり、聖書を教えたりしていた。

会堂ができてから、それでは前と同じようにまた九時から教会学校を始めようかとも考えたが、この地域では学校の決まりで、子どもたちは日曜日は朝十時になるまでは外出してはいけないことになっていることを知った。それでは、せっかく教会学校を開いても、地域の子どもたちは来ることができない。それに、そもそも教会学校の教師をする会員も足りず、どのみち難しいという現実もあった。

そこで、それまでやっていた子ども集会を月に二回、隔週の土曜日に、会堂に場所を移して続けることにした。最初にゲームを一時間くらいして楽しんだあと、将司副牧師が聖書の話を二十分くらいし、そのあとに必ず無料の昼食を振る舞う。場所が広くなった分だけゲームでも思い切り体を動かせるようになり、昼食が出ることになったのも好評で、教会員の子どもたちだけではなく、地域の子どもたちも大勢集まるようになった。子どもたちの中には、この食事が楽しみで、教会に来るとまずいちばん先に台所をのぞきに行って「今日の昼ごはん、何？」と聞く子もいるという。

食事が終わると、子ども集会のプログラムは終了するが、子どもたちの多くはそのまま残って自由に時間を過ごす。ゲームをしたり、卓球をしたり、持ってきた漫画を読んだり、近所の店でおやつを買ってきて、それを食べながら友達とおしゃべりを楽しんだりする。子ども集会は月に二回だが、集会のない日でも遊びに来たがる子が多く、ノートに名前を書き、「備品に勝手にさわらない」などの最低限の約束さえ守れば、会堂で遊んでもいいことになっている。会堂近辺の子どもたちにとって翼の教会はまるで児童館のような場所になり、結果的には、教会学校を開いていた頃よりずっと多くの地域の子どもたちが日常的に出入りするようになった。

　教会に頻繁に出入りするのは子どもたちだけではなく、火曜日に開く「ちょっとカフェ」には、近所の人々が毎週十人以上訪れるという。これも、会議も役割分担決めもせず、副牧師夫妻が、いざとなったら自分たちふたりがいればどうにかなるだろう、という感じで始めたが、蓋を開けてみれば必要充分な奉仕者が集まった。

予想以上に「繁盛」しているちょっとカフェ

　このカフェの特徴は、給仕も後片づけも男性がやることで、将司副牧師ほか、毎回三～五名の男性がウェイターになる。ケーキ作りだけは女性の奉仕者が引き受けて、毎回三種類ほどの手作りスイーツを提供する。三章で紹介した佐藤綾子さんもそのひとりで、週に三回の人工透析を受けながら、カフェ用のケーキのほか、子ども集会の食事作りも担当する。体力的にきつい時もあるが、まるでレストランの厨房のような大きなキッチンで働くことが綾子さんには楽しく、やりがいのある大事な仕事なのだという。

　教会の女性会員も、カフェ開催日にはただの「常連客」として男性会員のもてなしを受けることができる。朝十時に開店し、午後三時に閉店する。普通の喫茶店のように出入りは自由で、教会員や近所の人たちがただ「お茶をする」中で、自然に親睦を深

奉仕者の男性陣がたまたま皆ひげをたくわえていたことから、内輪では通称ひげカフェとも呼ばれている

めている。

月に一度は、このカフェでコンサートや蕎麦打ち体験などのイベントを開催するが、そのような時には八十～九十名の人たちで教会のホールは埋めつくされる。ここまでくれば地域でも、「もうあの教会、行った?」「いや、まだ行ってない」「一度、行ってごらん」というような会話も交わされているのかもしれない。集会も何も開かれていない時に、「ちょっと、中を見せてもらってもいいですか?」と訪れる人たちもいるという。

二〇一四年十二月の礼拝では、四名の人が洗礼を受けたが、そのうちの三名は地元の人たちだった。「あの教会がここに来てよかった、と言ってもらえる教会になる」という佐藤牧師の目標はすでに現実のものとなりつつある。

教会員たちのその後

震災から三年九か月、いわきに移ってから二年八か月(二〇一四年十二月現在)。逃避行の末、新しい居住地にたどり着いた教会員たちは今、どのような日常を送っているのだろうか。

地震の翌日、将司副牧師と引き離されて自衛隊の幌付きトラックで郡山まで運ばれていった

エル・シャロームの前で。右から中村勝子さん、高橋ミツ子さん、佐藤綾子さん、
下田恵子さん、梅田光子さん、持立春美さん、青柳めぐみさん

佐々木智子さん、高橋ミツ子さん、持立春美さんのうち、佐々木智子さんは、今、東京の老人ホームで暮らしている。奥多摩にいた頃は、毎日早朝の散歩と福音の家の庭掃きを欠かさず、九十歳という年齢ながらかくしゃくとしていたが、交通量の多い道路沿いのホームに移ってからは自分ひとりで自由な外出ができず、足腰がすっかり弱ってしまったという。福島から教会の人たちが奥多摩に「里帰り」した際には、奥多摩福音の家のオッケルト氏が、練馬の老人ホームまで佐々木さんを迎えに行き、共に喜びの再会を果たした。オッケルト氏がひとりで、ホームに会いに行くこともある。

高橋さんと持立さん、それに避難生活が「人生で最高の一年だった」と語った梅田光子さん、二匹の愛犬を置いてきたまま家に戻ることのできなかった中村勝子さん、東電ＯＢで、事故の収束を毎日真っ先に祈っている下田さん夫妻、佐藤綾子さん、青柳めぐみさんとそのご家族は、共に、教会のアパート、エル・シャロームで暮らしている。共に暮らしているといっても、一日中顔を合わせない日もあり、けれどもすべての部屋が内線電話でつながっているし、朝には自由参加のラジオ体操の時間もあるし、週に二、三日は必ず教会で会うし、つかず離れずのいい距離が保てているという。

いわきに移ってからもかなり頻繁に地震があるが、梅田さんは「一回目（東日本大震災の時）は何事もなく、すっかり助けていただきましたから。今度、どういうことがあって、どんなことになったとしても、全部神様にゆだねようと思っています」と語る。

持立さんも、余震が怖いと思ったことはないという。一軒家にひとりで住んでいた頃は不安もあったが、「今は気楽です」と明るく笑う。一時帰宅も以前ほど頻繁にはしなくなった。いわきに根をおろしつつ、もう一つの故郷・奥多摩の加藤さんに、こまめに手紙やカードを送っている。

頻度の差こそあれ、大抵の避難者が自宅への一時帰宅をしている中で、中村勝子さんだけは、最後に二匹の犬の死を見届けて以来、二度と故郷に帰ろうとはしない。毎日犬を連れて散歩をして歩いた道の風景も、永遠に記憶の中だけのものになった。

そんな中村さんだが、エル・シャロームで今、チワワを一匹飼っている。ペットショップの売れ残りで、このままでは処分されるというところを、知り合いのつてで安く譲ってもらった。死なせてしまった犬も、一匹は捨て犬、もう一匹は虐待されて逃げてきたのをもらい受けた犬だった。他の人に「いらない」と存在を消されそうになる犬を引き受けて大切に育てることが自分の役回りなのかな、というふうにも感じている。先の二匹の犬がそうだったように、不思議なことにこのチワワも、中村さんにしか心を許さない。

青柳めぐみさんは、奏楽や教会でピアノを教える奉仕をする傍ら、大熊町にいた頃にやっていたこひつじクラスという幼児教室も再開した。大熊では二十組ほどいた参加者が、今は三組と、規模はだいぶ小さくなったが、その分、ゆったりと、その日の子どもたちの動きに合わせて自然な流れでクラスを進めることができる。クラスの時以外にも、一緒に買い物に行ったりして、母親同士の付き合いもより親密なものになった。

七十五歳の誕生日に震災に遭い、その翌々日に避難先の教会で「わたしが示す地に行け」という神様からのメッセージを聞いた比留間さんは、夫婦で教会中心の生活を送っている。日曜日は礼拝、月曜日は牧師や副牧師が休養を取る日なので妻の南海子さんが自主的に教会の留守

中村さんと愛犬チビ

番を買って出て訪問者などへの対応をし、火曜日はちょっとカフェ、水曜日はリラックス・ワーシップと呼ばれている水曜礼拝、木曜日は夫婦の共通の趣味である絵を習いに行って、金曜日は南海子さんは祈祷会、比留間さんは日曜礼拝のための看板書きなどに時間を費やし、土曜日には月に一度くらいの割合で掃除当番がまわってくる。

それに加えて、「教会の迎賓館」である比留間宅を訪れるお客のもてなしや、会員たちとの会食なども開く生活を送りながら、南海子さんはよく、一日の終わりに「ああ、今日も幸せだったな」という感慨を抱くという。比留間さんも、「『わたしが示す地に行け』というメッセージは鮮烈でしたが、それはこの場所のことだったんだな、と思いますね。教会＝生活という今の状況を、祝福だと感じています」と語る。

三百坪の自宅と英語学校を失いながら、避難先で夫となる人に巡り会って帰ってきた小山睦さんは、教会の中で英語クラスを再開した。以前のように教材や施設が整っているわけではないが、土台に聖書を据える教育理念が変わらない限り、「たとえそれが空き地に丸くなって座って語り合うだけのレッスンだったとしても、本質的な違いはないはず」と思っている。

そして小山さんも今、比留間さんの家からほど近い場所に家を建てようとしている。高台からはるか向こうに海を見下ろすこの土地も、佐藤牧師が「睦さんにぴったりの場所だ！」と見つけてきた。ここに建てる家も、富岡町にあった家と同じように、外壁や室内に聖書のことばを英語で彫ったり書いたりして、「この家は神様のものです」ということを表そうと思っている。

原発の元職員で、事故直後は体を張って事後処理に当たっていた仲田敬二さんは、月に一度、妻と一緒に教会内で算数と英語を教える「チャーチスクール」を開いている。最初は小学生対象のクラスのみだったが、毎月熱心に通ってくる二十名ほどの生徒の中に六年生が多かったことから、その子たちを引き続き見てあげられるよう、中学生クラスも始めた。

原発での事後処理は、二〇一三年の四月でいったん区切りがついていたが、その四か月後の八月、再び、ある要請を受けた。東電社員はそれまで、第二発電所の中の小さな暗い部屋でぎゅうぎゅう詰めになり、ろくな食事もできないような状態で仕事をしていた。しかし、廃炉まで何十年もかかると言われる危険の伴う大仕事を、いつまでもそのような環境で続けるわけにはいかない。そこで、ある大手の建設会社が入って、作業現場のすぐ近くに給食センターなどの施設を造ることになった。ところが、その建設会社にとっても放射線のあるところでの工事は初めてのことなので、放射線に関するプロのアドバイザーがほしいと要求され、東電を通じて、仲田さんにその要請がまわってきたのだ。

仲田さんにとって第一原発の事故は、自分にできることはやるだけやった、という思いで区切りをつけたことだった。それに、チャーチスクールのほかに家でも夫婦で塾を開いているので、一週間の中で休養日に当てられる日は一日だけだった。さすがに即答できず、一か月ほど時間をもらって祈って考えた。そしてその結果、自分で役に立てることが残っている以上、それをやるのが自分の使命だと思うようになり、引き受けることにした。

現在、週に一度、その建築会社に出向いて被曝線量の管理のしかたなどについて講義をしている。といっても、現場を見ないと的確なアドバイスはできないし、仲田さんにとっても初めてのことが多い状況なので、まず半日は現場を見に行き、仕事のやり方を実際に見たあとで会社に帰って講義となる。会社側も、週に一度のその機会を待ってましたとばかりに矢継ぎ早に質問を浴びせてくる。その必要に応えるための勉強をしながら、必死になって事故の後始末をしている後輩たちのことを思い、自分にできることはしなければ、という思いを新たにしている。

旅は続く

震災以後、この本に登場する人々は、会津、米沢、奥多摩、いわきと場所を移しながら、一体どれだけの涙を流してきたことだろう。おそらく誰もが、一生の中でこれほど泣いたことはないというくらい涙にあふれた期間を過ごしてきたのではないだろうか。

震災から四年近くが経過した今、ようやく涙を流す場面が少しずつ減ってきて、一人ひとりが新しい日常生活を積み重ね始めているように思える。数えきれないほどの別れの辛さにも、時折再会の喜びが入り交じる。

佐藤牧師の妻・ちえ子さんにとって、二〇一四年の出来事の中で神様に大いに感謝していることのひとつは、何十年も一緒に教会生活を送り、そばにいることが当たり前だった教会員との特に辛かった別れが（三章98ページ参照）、その人の「帰還」という喜ばしいどんでん返しに変わったことだ。

奥多摩福音の家のオッケルト氏や、地主の加藤さん夫妻もいわきを訪ねてきてくれる。教会用の土地だけ買ってまだ会堂建築が始まらない頃に訪ねた際、佐藤牧師と道を歩いていたオッケルト氏は、畑で農作業をしている男性を見かけた佐藤牧師が、缶ジュースを買って差し入れながらその人に話しかけに行った姿が深く印象に残っている。

地域に根ざす覚悟を秘めたその姿勢に、同じ伝道者として教えられる思いだった。オッケルト氏は今も「福島の教会のことが頭から離れるという日はないですね」と語り、現在もまだ講演会などで忙しく飛び回る佐藤牧師を弟のことのように心配し、祈っている。

加藤さんは、買ったばかりの土地で佐藤牧師が子どものように両手を広げて嬉しそうに微笑んでいる姿をカメラに収めた。あれだけの災難に遭い、あれだけの苦労をしながら、新しい土地でこんなにたくましく道を切り開いていく佐藤牧師に舌を巻きながら、喜ばしい思いで見守っている。

震災の後、日本全国あちらこちらを旅することが多くなったとちえ子さんは語る。それは、近しい人たちがそれだけ、日本の各地に散ってしまったからだ。冠婚葬祭があるたびに、全国から教会員たちが集まってきて、そ

先の見えない長い長いトンネルを抜け、自分でも予想しなかったような新しい展開の中に置かれた佐藤牧師

こで同窓会になる。そして、束の間の再会を喜び合い、また別れていく。それは寂しいことには違いないけれども、彼らには一つの希望がある。

それは、今は離ればなれになり、それぞれの新しい場所で暮らしていかなければならないけれども、この世の旅路が終わったら、また天の御国で再会しよう、という希望だ。涙もなく、別れもない御国で再会する日まで、それぞれが置かれた場所でしっかり旅を続けようと確認し合って、教会員たちは全国に散っていく。

旅といえば、福島第一聖書バプテスト教会は希望者を募って二〇一一年にイスラエル旅行を予定していた。震災のため、そんなことはもちろん忘れ去られていた。それがここにきて少し落ち着いたところで、いわきから離れて暮らす何人かの会員から「先生、イスラエル旅行、行かないんですか」と声がかかった。

佐藤牧師は、それもいいなと思った。聖書には流浪の民の物語がたくさんある。七十五歳で故郷を旅立ったアブラハムの物語。自分たちを奴隷にしたエジプトから逃げ出し、荒野をさまよい歩いたイスラエル人の出エジプトの物語。新約聖書の時代の信徒たちも、ローマ帝国の迫害を逃れて旅をしながらキリスト教の教えを広めた。

そんな聖書の舞台に流浪の旅をした教会員たちを連れていこうと、二〇一五年一月に、三十余名の希望者と共にイスラエル旅行をすることを決めた。事情を聞いた旅行会社が掛け合ってくれると、イスラエルの旅行会社も一肌脱いで現地のホテルやレストランの協力を取りつけてくれたおかげで、破格の低価格の旅行が実現することになった。

そもそも、人生は旅だ、と、聖書は教えている。

「これらの人々はみな、信仰の人々として死にました。約束のものを手に入れることはありませんでしたが、はるかにそれを見て喜び迎え、地上では旅人であり寄留者であることを告白していたのです。……彼らは、さらにすぐれた故郷、すなわち天の故郷にあこがれていたのです」（ヘブル人への手紙一一章一三～一六節）

福島第一聖書バプテスト教会の人々は、はからずも正真正銘の流浪の旅をすることになったからこの聖書のことばを身をもって実感することになったが、人生とはそもそも旅なのだ、と聖書は教える。たとえ生まれた土地を一歩も出ることなく一生を終えるとしても、永遠に暮らす真の故郷が天にある限り、人生はやっぱり旅なのだ。

「だから、今度のイスラエル旅行は、まず荒野から入るんです」と佐藤牧師は嬉しそうに語る。

そして、イエスが教えを宣べて歩いたガリラヤ方面に入り、最後に神の都・エルサレムに入る、と。そうやって、辛い所を歩いてくたくたになって、最後に神の都に入って、人生は旅路だということを実感してほしい、と。そう言っておいて、「でも、そういう意味づけは、本当はたいしたことじゃないんです」と話をひっくり返す。

「深い意味はおいておいても、日本各地に散った教会員が、イスラエルで再会するだけで感動するじゃないですか。私はみんなに、『いろんなことがあったけど、辛い時期も過ごしたけど、ここに来れてよかったね』って言ってもらいたいんです。いわきの会堂に戻ってきた人にも、そうでない人にも、それぞれの場所で『大変なこともあった人生だけど、それでも幸せだった』って言ってもらいたいんです。それを、強がりじゃなくて心の底から言ってほしいんです。それを全員に言ってもらいたいんです」

震災直後、失ったものの大きさ、のしかかってくる責任の重さ、不安と恐怖のため、佐藤牧師は明日より先のことを考えられなかったという。それが次第に、来週のこと、来月のこと、来年のことを考えられるようになり、今は明るい顔で未来を語れるようになった。

険しい旅路の途中から、「前向き以外は意味がない」が理念になった。なくしたものは数えない。与えられた祝福を見つめる。前の状態に戻ろうとしなくていい。新しい教会、新しい自分になる。復興ではなく新しい創造を期待する。あの長いトンネルをくぐったからこそ、こういう教会が生まれたと言いたい。

そう語る佐藤牧師のことばには、これ以上ないほどの説得力がある。翼の教会は今、確かにその途上にある。

おわりに

私が佐藤彰牧師と福島第一聖書バプテスト教会のことを知ったのは、今から二十数年前、私がいのちのことば社の編集者だった頃、仕事を通じてのことでした。その際、「この牧師とこの教会はすごいな」と強く印象に残り、それ以来、忘れられない存在になりました。

失礼な言い方になるかもしれませんが、佐藤牧師は特に個性的な主張をなさったり、派手なパフォーマンスをなさる方ではありません。おっしゃることはすべて、キリスト教の牧師として極めて正統的な「普通の」ことばかりです。けれども、佐藤牧師のすごいところは、その「普通の」聖書の教えを、いつ、どんなときでも、ご自身が心から信じて、そのとおりに生きておられるところです。

例えば、「神様は、何があっても私たちを見捨てない。どんな災いをも、最後には良いことに変えてくださる」という教えを信じている佐藤牧師は、一夜のうちに自宅も教会も失い、訳もわからないうちに何十名もの命と生活を預かるという重責を担うことになっても、その信念が揺らぐことはありませんでした。考えられないほどのストレス、恐れを感じながらも、それでも信じて、行動を共にする人々に毎日毎日、「神様は恵み深い方です。すべて、必要なものを満たしてくださいます。守ってくださいます」と説き続けたのです。

そしてそれを聞く人々も、家や仕事を失い、先がまったく見えない中でそのことばを信じ、「アーメン」（そのとおりです、という意味）と唱えながら、共に歩んでいったのです。

神様はその信仰に応えてくださったのだと、私は信じます。クリスチャンはよく、「生きて働かれる神様」という言い方をしますが、これは、聖書の神様は神話の登場人物でも概念でもなく、実際に存在し、私たち人間の人生に具体的に関わってきて、思いがけないことをなさる方だ、という意味です。

福島第一聖書バプテスト教会の方々が、奥多摩での一年の避難生活を経て、いわきに会堂を建てようとしているということを聞いたとき、私は、「生ける神様が働いておられる」ことを感じました。そして、その物語をつぶさに聞いて書き記したいという強い願いをもちました。

今回、その願いが聞き届けられ、三年間にわたって佐藤牧師と教会員のみなさんから詳しいお話を伺うことができたのは、本当に大きな喜びでした。

二百余名の教会員が散り散りになり、すべてを失って泣きながら逃げた四年前と、いわきにあの美しい会堂が建ち、地域の中に溶け込んでいる現在の姿には、見事なまでのコントラストがあります。けれどももちろん、そこに至るまでには数えきれないほどの涙に暮れた夜があり、いまだに癒えない傷もあり、二度と戻らない喪失もあるのです。

このあとがきを書いている今、本書の表紙を飾る富岡町・夜ノ森の桜並木の除染が始まったというニュースが飛び込んできました。双葉郡のシンボルとして地元の人々に愛されていたこの桜並木は、帰れぬ故郷に恋い焦がれるように、いわきに建つ翼のチャペルの宿泊室にも、その絵が掛けられています。全長二・三キロの桜並木のうち、帰還困難区域に入る一・七キロは、二〇一五年二月二日まで除染もできずにいました。そして、除染が済んだとしても、そこはなお「帰還が困難な区域」であり、そこにいた人々の暮らしが返ってくるわけではありません。

震災後、教会員の方々が何度も口ずさみながら、途中で涙があふれ出し、どうしても最後まで歌えなかった歌が「ふるさと」だったということもお聞きしました。もし、後ろを振り返り、戻らぬ日々を悲しみ始めたら、立ち上がれなくなってしまうほどの大きな喪失がそこにはあったのです。

それでもなお、福島第一聖書バプテスト教会は今、前に比べて小さくなってもいなければ、不幸になってもいない、というのが私が見てきた現実です。「あれだけの体験をしたのだから、私たちは絶対変わる。新しい自分になる」とおっしゃった佐藤牧師のことばどおり、新しい、すばらしい福島第一聖書バプテスト教会が、今も成長し続けている最中です。

私の力量不足のため、今回、大変貴重なお話でありながら、この原稿に収められなかった物語がいくつもあります。そして今回、私が伺うことさえできなかった物語がもっとずっとたくさんあったであろうことを思います。震災後、佐藤牧師と行動を共にしなかった（できなかった）教会員のその後については、私はほとんど、お話を伺うことができなかったからです。けれども、佐藤牧師夫妻、将司副牧師夫妻、そして教会員のみなさんの心の中には、常にその方たちがあることはひしひしと伝わってきました。

大熊町にあった福島第一聖書バプテスト教会は、やはり元には戻りません。けれども、天の御国でまた皆さんが一堂に会したとき、私もそこで、伺えなかったお話を伺いたいと願っています。

最後に、私事になりますが、数度の取材の旅に私を快く送り出してくれた夫と息子、そして留守を守ってくれた私の母にお礼を述べることをお許しください。私たち家族を絶えず祈りつつ応援してくれる夫の両親にも感謝します。

いつもいつも特別な祈りで私を支えてくれる中澤利江さんにも心からの感謝を。

そして、『流浪の教会』『続・流浪の教会』『翼の教会』の編集者であり、この本のためにもご尽力くださいました宮田真実子さんにも感謝申し上げます。

二〇一五年　二月三日

結城絵美子

おわりに

結城絵美子
（ゆうき・えみこ）

1965年、東京都福生市生まれ。
いのちのことば社で編集者として勤務したのち、
フリー・エディターとして編集や翻訳に携わる。
訳書に『君への誓い』
『大切なものはわずかです』などがある。

震災ドキュメント
倒れても滅びず
奪われた生活、奪われなかった希望
2015年4月20日 発行

著者　結城絵美子

装幀・デザイン　吉田　葉子
発行　いのちのことば社フォレストブックス
164-0001　東京都中野区中野2-1-5
編集　Tel.03-5341-6924　Fax.03-5341-6932
営業　Tel.03-5341-6920　Fax.03-5341-6921

印刷・製本　モリモト印刷株式会社

ISBN978-4-264-03309-7 C0095